神なき精神分析学は
人の心を救えるのか

Sigmund Freud

フロイトの霊言

大川隆法
RYUHO OKAWA

本霊言は、2012年2月12日（写真上・下）、幸福の科学総合本部にて、
質問者との対話形式で公開収録された。

まえがき

前々《まえまえ》からフロイトの学説は珍妙《ちんみょう》だと思っていたが、「精神分析の祖」として、その思想は現代医学に脈々《みゃくみゃく》と流れ込んでいる。彼以後、様々な学説が出ているが、現在でも、児童心理学《じどうしんりがく》や大人の精神分析としては使われている。

私自身は、彼の学説が、幼児性欲《ようじせいよく》の抑圧《よくあつ》や幼い頃の恐怖感情が大人になってからの様々な心の葛藤《かっとう》やコンプレックス、神経症につながっていくという考えに違和感《いわかん》を覚えていた。一九〇〇年間も全世界を放浪《ほうろう》し差別されてきたユダヤ人独特《どくとく》の文化的何かが背景《はいけい》には流れているのかもしれない。

一見、マルクスとフロイトは、正反対のように見えながら、二十世紀以降の無神《むしん》論《ろん》、無霊魂《むれいこん》・唯物論《ゆいぶつろん》の底流を形づくっている点では同じだ。「宗教殺し」という点でも一致する。まずはご精読下さることを願いたい。

二〇一三年　九月三日

幸福《こうふく》の科学《かがく》グループ創始者兼総裁《そうししゃけんそうさい》　大川隆法《おおかわりゅうほう》

フロイトの霊言　目次

まえがき　1

フロイトの霊言《れいげん》

――神なき精神分析《ぶんせき》学は人の心を救えるのか――

二〇一二年二月十二日　収録
東京都・幸福の科学総合本部にて

1　精神分析学の開祖フロイトを検証する　13
「無意識の世界」に科学的アプローチをかけたフロイト　13
「マルクス主義」や「唯物論《ゆいぶつろん》」とともに「宗教」をも否定　16
フロイトの精神分析学に見られる異常性　18

ジークムント・フロイトの霊を招霊《しょうれい》する　21

2　フロイトの「死後の行き先」　25

自分自身の精神分析を始めるフロイト　25
「死んだこと」を自覚していないのか　28
たまには「この世の診療室《しんりょうしつ》」に出没《しゅつぼつ》している？　33
あくまでも「自説」を押《お》し付ける　36

3　「異常な性的関心」の理由　40

自身の「幼少期の経験」を振《ふ》り返る　40
すべては「性欲」が原因なのか　44
フロイトが語る「実母への思い」　47
「釈迦《しゃか》がやり損《そこ》ねたこと」を科学的にやろうとした？　52

4　「無意識」についての理解を問う　55

「無意識」とは精神作用のことなのか　55

「無意識界の構造」について懸命《けんめい》に語る　59
それでも「霊界《れいかい》」を肯定《こうてい》できないフロイト　62
「夢の世界」と霊界との関係　64

5

間違《まちが》いだらけの「宗教観」　67

神はなく、宗教は幻想《げんそう》である？　67
イエス・キリストを「精神異常者」と分析するフロイト　70
「医者」さえいれば「聖職者」は要《い》らないのか　73
霊的存在は「善用できるなら実在のように見せてもよい」？　76
「無意識」についてはぐらかすフロイト　78
宗教に足を踏《ふ》み入れたユングは「人格破綻《はたん》を起こした」のか　81
「霊的現象は誤解や偶然《ぐうぜん》によるもの」という見解　85
人は「幼少時の体験」をもとに判断している？　87
宗教は「性の抑圧《よくあつ》」から始まるのか　88

人間の成長を説くマズローの心理学は「金儲《かねもう》けの心理学」？ 92
「『戒律《かいりつ》を破ったら地獄《じごく》行き』と脅《おど》すのが宗教」という偏見《へんけん》 94
「性の問題」を研究することで、人間社会の秘密が解ける？ 96
「性欲の抑圧」が、人間関係のぶつかりの原因なのか 97

6 フロイトに説得を試みる 101

地獄の「穴」から一時的に出られた自分を不思議がる 101
質問者の〝唯性器論《ゆいせいきろん》〟という言葉に反応する 104
「私は、純粋《じゅんすい》に恋愛《れんあい》を求める正常な人間だった」との反論 105
「いやらしい言葉の多用」を正当化するフロイト 108
「穴が好きであること」を認め始める 110
たまにニーチェから「手紙」が来る 112
ダーウィンとの交流もないわけではない 116
マルクスは、〝ドラキュラ〟のように閉《と》じ込《こ》められている？ 119

今の状態は「診療《しんりょう》の合間《あいま》に見ている夢」 120
精神分析学が「人々を救えていない事実」を問う 124
「自殺」と「性欲」を無理やり結びつけるフロイト 127
「ユングは迷信《めいしん》を信じて〝脱落《だつらく》〟した」と思っているフロイト 129

7

悪魔《あくま》とのかかわりについて 131

訪《たず》ねてきたヒトラーを診察する 131
「ルシフェル」という名の患者《かんじゃ》は来ていない 133
「自分を指導できる者は世の中にいない」と豪語《ごうご》 135
自分を救いに来たパウロを「患者」と誤解する 137
「過去世《かこぜ》」については考えたこともないフロイト 141
ベルゼベフから「催眠術《さいみんじゅつ》のかけ方」を教わる 144
ベルゼベフやルシフェルと〝夢の世界〟でつながった？ 147
「モーセはエジプトの王女の子」という〝トンデモ理論〟？ 150

〝夢のなか〟で会っている「日本人のファン」とは　151
宗教の世界が〝蟻《あり》地獄〟に見えている　155
「神への愛」を偽善《ぎぜん》と主張するフロイト　157

8　「真実を覆《おお》い隠《かく》す思想」を打ち破れ　160
フロイトについて今回の霊言で分かったこと　160
さまざまな学問の正邪《せいじゃ》について「霊言による検証」が必要　163
宗教を隅《すみ》に追いやった啓蒙《けいもう》主義の「負の側面」　164

あとがき　170

「霊言現象《れいげんげんしょう》」とは、あの世の霊存在の言葉を語り下ろす現象のことである。これは高度な悟《さと》りを開いた者に特有のものであり、「霊媒現象《れいばいげんしょう》」（トランス状態になって意識を失い、霊が一方的にしゃべる現象）とは異なる。外国人霊の霊言の場合には、霊言現象を行う者の言語中枢《ちゅうすう》から、必要な言葉を選び出し、日本語で語ることも可能である。

なお、「霊言」は、あくまでも霊人の意見であり、幸福の科学グループとしての見解と矛盾《むじゅん》する内容を含《ふく》む場合がある点、付記しておきたい。

フロイトの霊言《れいげん》

――神なき精神分析《ぶんせき》学は人の心を救えるのか――

二〇一二年二月十二日　収録

東京都・幸福の科学総合本部にて

ジークムント・フロイト（一八五六〜一九三九）

オーストリアの精神科医。「精神分析」の創始者にして、今なお心理学等の分野を代表する学者であり、社会学・教育学や文学・芸術にも影響《えいきょう》を及《およ》ぼす一方で、性欲を中心に説明する発達論には多くの疑問が呈されている。晩年、ナチス・ドイツとの戦争でロンドンへ亡命し、そこで生涯《しょうがい》を終えた。著書に、『精神分析学入門』『夢判断』『性欲論三篇』等がある。

質問者　※質問順

綾織次郎《あやおりじろう》（幸福の科学理事兼《けん》「ザ・リバティ」編集長）

金谷昭《かなたにあきら》（幸福の科学学園部長）

金澤由美子《かなざわゆみこ》（幸福の科学指導研修局長）

［役職は収録時点のもの］

1　精神分析《ぶんせき》学の開祖フロイトを検証する

「無意識の世界」に科学的アプローチをかけたフロイト

大川隆法　今日は、「ジークムント・フロイトの霊言《れいげん》」を収録しようと思います。実は、今朝、フロイト本人が来て、「収録してほしい」と伝えてきたのです。

本来であれば、昨日《きのう》、収録予定だったところ、その機会を、モルモン教の二代目教祖であるブリガム・ヤングに取られてしまいました。その際、「フロイトは、一億年後で構わない」などとも言われており、〝逆襲《ぎゃくしゅう》〟に出てきたのでしょう（『モルモン教霊査《れいさ》Ⅱ――二代目教祖ブリガム・ヤングの霊言――』〔幸福の科学出版刊〕参照）。

フロイトとは、事前に少しだけ話をしましたが、かなり手強《てごわ》いと思われます。それほど簡単に本音を言ってくれるとは思えません。精神分析《ぶんせき》学の〝開祖〟のような存在であり、ダーウィンやマルクスとともに、二十世紀以降の学問や常識の流れを大きく変えた方ではないでしょうか。

確かに、フロイトには、「無意識の世界」を解明することによって、マルクス主義に批判を加えた面があるので、その点をプラスに判断していたところもあります。しかし、一方では、「自分は宗教を絶滅《ぜつめつ》させた」というようなことを公言する方でもありました。「自分の精神分析学ができたことで、宗教は要《い》らなくなった」と思っていたのかもしれません。

彼には、『夢判断』や『精神分析学入門』等の有名な著作がありますが、やはり、「無意識の世界」を説いたこと自体は、大事なことだったと思います。つまり、「人間には、表面意識とは違《ちが》う、隠《かく》れた意識がある」という部分について、科学的アプローチによって迫《せま》ろうとしたわけです。

そういう意味では、「『無意識の世界』を科学的に解明することによって、今まで宗教に抑《おさ》えつけられていた部分、すなわち『潜在意識下の世界《せんざい》』を、宗教から取り除き、科学の世界に取り込《こ》んだ」という自負があったのでしょう。

フロイト学派の理論も、さすがに古くなりましたから、それが、現在の精神分析の診療《しんりょう》に、そのまま使われていることはありませんけれども、かなり根源的な影響《えいきょう》を与《あた》えたことは事実だと思われます。

また、フロイト以降、「心理学」として成立した分野には、さまざまな人が登場しましたが、ある意味で、「キリスト教会に抑え込まれた欧米《おうべい》系の宗教界では、新しい宗教を興《おこ》すことができないために、学問のかたちをとって、こういうものが現れてきた」というようにも見えます。

ただ、フロイトの理論には、内容的に、そうとうショッキングなことが多く含《ふく》まれておりましたので、非常に独創的に見えただけではなく、世の中への波紋《はもん》も大きかったのではないでしょうか。

「マルクス主義」や「唯物論《ゆいぶつろん》」とともに「宗教」をも否定

大川隆法　もちろん、この人は医者でもあったので、「精神にかかわる病気を治したかった」という目的があったことは事実です。最初は、ノイローゼ患者《かんじゃ》の治療あたりから始めていますが、この分野には、医者としての先輩《せんぱい》がいたようですので、最先発だったわけではありません。ただ、学問として体系化していったのは、フロイトでしょう。

また、ノイローゼやヒステリー等の研究の際、根源的な原因を、幼少時の問題に持ってくるところは、今の精神分析でも同じです。催眠《さいみん》をかけるなどして、「幼少時にあったにもかかわらず、忘れていること」を思い出させると、それが明らかになった段階で問題が解決することも多く、それが、医学分野における心理学のあり方の一つになっているわけです。

しかし、現代人が読んでも違和感《いわかん》を感じるのですが、特徴《とくちょう》的なものとして、「幼少時の性欲で、抑圧《よくあつ》されていたものが、物心《ものごころ》が付いたころから、さまざまな人格の変容となって現れ、ヒステリーやノイローゼ、コンプレックス等の精神的病気になっていく」という学説があります。これに関しては、非常にきわどい説明も多いのではないでしょうか。

なお、彼自身は「解明した」と認識している「無意識の世界」についても、幸福の科学で見ている霊界《れいかい》世界と比べれば、解明にはほど遠い状態だと思われます。それは、あくまでも、「個人の心の内側を覗《のぞ》いた」という程度にすぎません。無意識の世界からの働きかけなるものには、自分自身の無意識、すなわち、当会で言えば、「魂《たましい》の兄弟」（守護霊《しゅごれい》等、自分自身の魂を構成するグループ）的なものからの影響もあるのですが、それのみならず、指導霊《しどうれい》や憑依霊《ひょういれい》、その他、霊界におけるさまざまな存在からの影響もあるわけです。フロイトは、このへんについて説明できていないでしょう。

いずれにしても、マルクス主義や唯物論《ゆいぶつろん》を批判したことには一定の評価を与えるものの、同時に宗教を否定したことは看過できません。

彼は、「神とは、子供にとっての『怖《こわ》くて、威圧《いあつ》的で、罰《ばっ》する父親』のような役割なのだ」という強迫《きょうはく》観念を持っており、「そうした神の姿が投影されたものが宗教である」と考えていたようなのです。

フロイトの精神分析《ぶんせき》学に見られる異常性

大川隆法　さらに、幼児性欲について、これほど執拗《しつよう》に主張した人も珍《めずら》しいのではないでしょうか。

実は、彼は、幼いころ、家族で汽車旅行をした際に、母親が裸《はだか》になったところを見てしまったらしいのです。それが、どのように、この人の心のなかに残ったのかは知りませんが、強い好奇心《こうきしん》や興味を感じるとともに、「『悪いこと、いけないことをしてしまった。罪悪感を抑圧しなくてはいけない』という気持ち」とを同時に経験したわけで、性衝動《しょうどう》とその抑圧にさいなまれた子供時代を送ったのではないかと思われます。

そうしたことが、自分の原点にあるために、ほかの人を診《み》るときにも、「幼少時に、何か隠された体験があって、それを忘れているだけではないか。それを掘《ほ》り起こすことができれば、今の問題は解決するはずだ」と考えがちなのでしょう。

それらは、ある意味で、宗教に代替《だいたい》する、「幸福」への科学的アプローチであるかのようにも見えるのですが、一見して異常性を感じるのは、あまりにも幼児性欲や性器に関する比喩《ひゆ》が多すぎるところです。

例えば、「突起《とっき》しているもの」「出っ張っているもの」「尖《とが》っているもの」等を、すべて、「男性性器の表れ」と考えたり、数字の「3」で表されるような「三人」とかいうことが出てくると、やはり、「男性性器の象徴（ペニスと、睾丸《こうがん》二つ）」と考えたりします。

あるいは、「くぼみ」「穴」「茂《しげ》み」「山間《やまあい》の道」、あるいは、「うっそうと茂るもの」等が出てきたりすると、これらを全部、「女性性器である」と、象徴学的に分《ぶん》析《せき》していくわけです。

特に、夢の分析については、そのように象徴的に分析していこうとする傾向《けいこう》があります。

確かに、「宗派」とは言わないまでも、「一つの学問領域を拓《ひら》いた」という意味で、パイオニアとして貢献《こうけん》した面はあるでしょう。しかし、フロイトの流れにあって、正式に開業し、人の心を扱《あつか》っている医者のなかには、無神論、唯物論的な側面がないわけではありません。こういう医者は、すべての原因を、「神経」や「頭脳」「幼児期の虐待《ぎゃくたい》」等につなげていきますので、このへんが、やや不思議なところではあります。

なお、今回のテーマそのものではありませんが、ユングは、最初、フロイトの弟《で》子《し》だったにもかかわらず、喧嘩《けんか》別れをしています。ユング自身は、「宗教に目覚めた」とまでは言えませんし、あくまでも「心理学」ではあったのですが、幽体離脱《ゆうたいりだつ》（体外離脱）するような体験をだいぶしているので、違う環境《かんきょう》に生まれれば宗教家になった人ではありましょう。そういう意味では、フロイトより、もう一段、霊的な方だったのです。ユングは、フロイトと袂《たもと》を分かったわけですが、おそらく、この世的なものにかかわりすぎているフロイトのことが、自分の体験から見て解《げ》せなかったのではないでしょうか。

いずれにしても、私としては、心理学の流れ自体について、「宗教の出来損《できそこ》ない」と言ったら言葉は悪いですけれども、「現代的解釈《かいしゃく》による逸脱《いつだつ》や、誤解の部分が多いものではないか」と思っています。

ジークムント・フロイトの霊《れい》を招霊《しょうれい》する

大川隆法　フロイトは、一八五六年生まれであり、ちょうど、私より百年前に生まれた人です。日本にペリーが来航したのが一八五三年ですから、その直後のころであり、攘夷論《じょういろん》が盛《さか》んになって、吉田松陰《よしだしょういん》等が活躍《かつやく》していた時期に当たるでしょう。ちなみに、私の祖父が生まれたのも、このころだったような気がします（笑）。

ともあれ、ペリーが来航した直後ぐらいに生まれて、一九三九年に亡《な》くなりました。この年には、ナチス・ドイツのポーランド侵攻《しんこう》がありましたから、第二次大戦が始まるころに亡くなったことになります。太平洋戦争が始まったのは一九四一年ですから、日本がアメリカとの戦争を始めるより少し前の、第二次大戦が始まるころに亡くなったわけです。現在のチェコ（当時のオーストリア帝国《ていこく》）に生まれ、ウィーンで医者として仕事をなされた方でした。

そのころのウィーンは、学問的にも高みがあって、いろいろな人物を輩出していますし、経済学者などにもウィーン生まれの方がおりますが、その後のナチスの台頭によって、かなりの人がイギリスやアメリカへと逃《に》げていっています。ウィーンは、女帝マリア・テレジアのころから盛り上がり、このころを最後に下り坂に入っていったのですが、フロイトは、そのウィーンで活躍した方だったわけです。

これから霊言を収録しますけれども、性欲の研究のようなことをだいぶされた方ですので、〝卑猥《ひわい》〟な言葉が使われる可能性が極《きわ》めて高いと思いますが、そのへんは、どうかお許しください。公衆の前でもあり、私に、「セクハラだ」とか、「パワハラだ」とか言われても困りますが、これは私自身の言葉ではありません。

おそらく、そんなことばかりを研究していると、それが当たり前に見えてくるのでしょう。（手元のコップを手に取りながら）こういう物を見たら、「これは、女性性器の象徴だ」と言い始めるような人だと思います。

どの程度、おかしく見えるかは分かりませんが、かなり、そういう面が出るのではないでしょうか。質問者には、女性もいらっしゃいますが、そうした場面があっても、「フロイトは、そういう人なのだ」と思っておいてください。

ただ、少し話してみた感じでは、さすがに〝開祖〟だけあって、そんなに簡単な方ではありませんでした。今日の機会だけで解決することはないと思われます。

それでは始めましょうか。「宗教」対「心理学」の一番勝負です。

（瞑目《めいもく》し、両手を胸の前で交差させる）

精神分析学の開祖にして、二十世紀の心理学の基礎《きそ》をつくられた、ジークムント・フロイトをお呼びしたいと思います。

ジークムント・フロイトよ。

フロイトよ。

フロイトよ。

どうか、幸福の科学総合本部に降りたまいて、われらに、その考えや、宗教に対する意見、あるいは、自分自身が現在置かれている状況《じょうきょう》や、そのことについての見解等をお聴《き》かせください。

Kommen《コメン》 Sie《ズィー》 bitte《ビッテ》, Freud《フロイト》!（フロイトよ、お越《こ》しください。）

（約二十五秒間の沈黙《ちんもく》）

2　フロイトの「死後の行き先」

自分自身の精神分析《ぶんせき》を始めるフロイト

フロイト　（咳払《せきばら》いをする）ああ……。

綾織　ジークムント・フロイトさんでいらっしゃいますか。

フロイト　うーん、そうだが。御用《ごよう》があるようで、待機してるんだ。

綾織　本日は、幸福の科学総合本部においでいただき、ありがとうございます。

フロイト　うーん。「科学」とな。

綾織　私たちは宗教ですが、精神分析《ぶんせき》学についても、非常に強い関心を持っております。ぜひ、本日は、フロイト先生のお考えを教えていただければと思います。

フロイト　うーん。

綾織　フロイト先生は、今、あの世にいらっしゃると思いますが、どういう心境で、どういう場所にいらっしゃるのでしょうか。目に見える世界は、どういう状態でしょうか。

フロイト　うーん。穴ぼこがあるんだよ、君。大きな穴ぼこがあって、そのなかにいるんだよなあ。

「この穴ぼこは、いったい何なんだろう」と、今、解明してるんだが、見たことのない穴ぼこなんだ。これは、女性性器の象徴《しょうちょう》だろうと思うんだな。

綾織　（苦笑）

フロイト　やはり、間違《まちが》いなく女性性器の象徴だ。それ以外に考えられない。だけど、「その女性性器の穴ぼこの底に私がいる」というのは、これは、どういうことなの？　私は胎児《たいじ》ではない。「胎児ではない」と思うんだ。立派なひげも生えとるからな。しかし、この巨大《きょだい》な穴ぼこの底にいる。

うーん、ピッケルさえあれば、この穴ぼこの壁《かべ》にピッケルを突《つ》き立てて、穴ぼこから外に出られるんだが、ピッケルがないんだ。

これは、いわゆる男性的なるものが欠けていることを意味すると思うんだよな。何か尖《とが》ったものを貸してくれないか。ピッケルでなくてもいいよ。もっと簡単なものでいいんだ。鑿《のみ》でもいいし、刃物《はもの》でもいいけど、何か、この穴ぼこに刺《さ》して上がれるものがあれば、出られる。

これは、「女性性器のなかにいる」と思われるんだがな。

「死んだこと」を自覚していないのか

綾織　一九三九年に亡《な》くなられて、それ以降、ずっと、その場所にいらっしゃるのですか。
フロイト　まあ、そう……、何？　「一九三九年に亡くなられて、それ以降、ずっと」とは、どういうことかな？
綾織　今は、二〇一二年です（収録当時）。亡くなられてから、七十年以上たっているわけですけれども……。

フロイト　七十年。うーん、七十年。七十年。うぅーん。

君は、少し妄言癖《もうげんへき》があるから、精神分析をかけてみたほうがいい。

君は、「未来人だ」と、私に言おうとしてるんだ。まあ、そういう人はいるよ。

患者《かんじゃ》で、ときどき来るからさ。

綾織　いえ、三九年に亡くなられて……。

フロイト　まあ、いいよ、いいよ。未来人ね。君は、未来から来たんだ。

幼児体験に、何か、傷があるんだと思うよ。幼児のころ、未来に対して、すごく大きな夢を抱《いだ》いていたのに、それが挫折《ざせつ》したはずだ。君は、それを忘れ去っているんだよ。

「未来には、きっといいものが来る」と思っていたのに、何か挫折を経験して、それが深いところに沈《しず》んでいる。深層意識に沈んでいるんだ。それを、えぐり出せば、君の、その未来人幻想《げんそう》が消えるから。

綾織　お亡くなりになったあとのことは、覚えていらっしゃいますか。

フロイト　ああ？

綾織　一九三九年にお亡くなりになったあとのことを思い出していただけますか。

フロイト　「あとのこと」って、どういうこと？

綾織　一九三九年にお亡くなりになったことは、認識されているわけですよね。

フロイト　うーん。私は、夢解釈《かいしゃく》をよくしているからね。だから、今、目が覚めてやっているのか、夢のなかで研究しているのか、そのへんの区別が、よくつかないんだ。もしかしたら、夢といっても、自分の夢のなかにいるだけでなく、他人《たにん》様の夢のなかに入り込《こ》んでる可能性もあるんだな。

綾織　もしかしたら、お亡くなりになったのではなくて、お眠《ねむ》りになっている可能性があるのでしょうか。

フロイト　そうそう、だから、今、眠っている間《あいだ》に、深層心理の世界というか、無意識の世界のなかに入り込んでいって、探検しているうちに、なんか、穴ぼこに入っちゃったような感じがする。

精神分析医として、これをどう解決すべきか、今、考えているところだ。

君の言う時間は、よく分からないんだが、寝《ね》てるときには、時計を外《はず》すので、持ってないしなあ。

綾織　だいぶ長い間、その穴のなかに入っていらっしゃる感覚がありませんか。

フロイト　うん？　「長い」ですか？

綾織　どのくらい、入っていらっしゃいますか。

フロイト　いや、夢というのは、時間が分からないからね。寝ているうちに、何百年もたったような気もするし、あるいは、気がつけば、「三分だった」ということもある。夢というのは、時間の長短が分からないんだよ、君。

ただ、君の姿は、確かに、一九三〇年代の人に比べると、何と言うか、非常に、だらしない格好をしている感じはするよな。

綾織　「だらしない」ですか（笑）（会場笑）。

フロイト　まあ、少なくとも、貴族階級ではないな。

綾織　そうですね。

フロイト　もう少し崩《くず》れているから、「どこかの工場に勤めてた人が、下層階級から、例えば、労働者階級から抜《ぬ》け出して、今、管理職のほうに回された」という感じかな？　見たところ、そんな感じだな。

たまには「この世の診療室《しんりょう》」に出没《しゅつぼつ》している？

綾織　そこに、どなたか、いらっしゃることはありますか。

フロイト　そうだね。まあ、夢の世界にいるかもしれないので、たまに、転々と場面が変わったような感じは、ないわけではないがな。今は、穴ぼこのなかにいる。

綾織　誰《だれ》もいらっしゃらないのですか。誰かに話しかけられることはないのですか。

フロイト　うーん。だから、野原で穴に落ちたのかな？

綾織　どなたも、いらっしゃらないわけですね。

フロイト　うーん、穴ぼこだな。

だけど、土かと思えば、土でもないような気もするし、見ようによっては、何か、ベトベトと粘液《ねんえき》がついているから、やはり、女性性器のなかに入り込んでいるんだ。

これは、私に、「夢解釈をせよ」という意味かと思うが、これは、母親の体のなかに入っておるのかなあ。よく分からんな。うーん、「ほかの人が来るか」って？　夢のなかで、ほかの人に会ったことがあるか？　会ったかもしれないなあ。だけど、今は、とにかく穴ぼこから、どうやって出るかを考えておるんでさ。

綾織　私たちの解釈では、あの世に還《かえ》られているわけですが、今、その世界から、地上に生活している人や、仕事をしている人に、何か影響《えいきょう》を与《あた》えたりされているのですか。

フロイト　それは、たまにあるような気がするなあ。なぜか、フッと診療《しんりょう》室にいて診察している感じがするときがあるんだよ。患者がいて、診察しているような感じになるときがある。気がつけば穴ぼこに帰ってるんだよな。たまに診察してるような気がする。

綾織　そういう仕事もされているわけですね。

フロイト　そうだな。やはり、「寝たり起きたりしている」ということだ。いや、私も催眠《さいみん》を扱《あつか》うからね。催眠をかけて、いろいろと幼少時の記憶《きおく》を探《さぐ》り出すから、自己催眠をかけてしまうこともあるのかもしれない。あるいは、昼寝をしながら、ときどき起きて仕事をしているのかもしらんがな。

あくまでも「自説」を押《お》し付ける

綾織　私たちの立場としては、フロイトさんが生きた時代から七十年以上がたっているわけですけれども……。

フロイト　まあ、そういう〝狂人《きょうじん》グループ〟がいてもいいよ。

綾織　フロイトさんの確立された精神分析学は、現代においても、非常に権威《けんい》がある学問であって……。

フロイト　権威がある。うーん。うん、うん、うん。

綾織　実際に、心の病《やまい》を持たれた方の診察をしています。大きな枠組《わくぐ》みとしては、フロイトさんの立てた「無意識の理論」を引き継《つ》ぐかたちで診察がされているのですが、こういうところにも、かなり影響を与えていらっしゃるのでしょうか。

フロイト　まあ、最近、ちょっと寂《さび》れてきたような感じがしないでもないけどね。

やはり、ほとんどは、幼少時の問題だよ。男の子は、みんな、「エディプス・コンプレックス」だな。男の子は、みんな、「父親を殺して、母親と結婚《けっこん》したい」という欲望を持っているんだ。

それで、自我が成長していくなかで、両親と葛藤《かっとう》を起こし、社会人になったら、父親に当たるような「上司」とか「先輩《せんぱい》」とか、そういう者とぶつかる。さらに、母親の代替物《だいたいぶつ》としての異性と巡《めぐ》り会って、恋愛《れんあい》したり、結婚したりしては、問題を起こす。

しかし、その根本《こんぽん》は、みんな、幼少時の両親との問題に突き当たるんだな。君なんか、そうとう欲求不満がたまっているようだから、もう一回、分析をかけたほうがいいかもしれない。君は、幼少時に、そうとう、いたぶられているように思われる。

綾織　（苦笑）いや、そういう経験はありませんけれども。

フロイト　いや、そうでなければ、そういう〝顔つき〟にはならないもんだよ。

綾織　ごく普通《ふつう》の、幸せな幼少時を過ごしていると思います。

フロイト　そんなことはないだろう。だって、君は、殺人鬼《き》に似た顔つきをしているじゃないか。それは、そうとう残忍《ざんにん》な心が入っていると思われる。

綾織　（苦笑）

3　「異常な性的関心」の理由

自身の「幼少期の経験」を振《ふ》り返る

綾織　少々、個人的なことをお伺《うかが》いします。そこまで幼少時の問題を取り上げられるからには、フロイトさんご自身にも、かなり、いろいろと、つらい経験があったことが想像されます。そのへんについて、差し支《つか》えない範囲《はんい》で構いませんので、学問の背景として、フロイトさんが考えられたことを教えていただければと思います。

フロイト　いや、やはり、しつけは厳しかったよ。

それから、根本《こんぽん》は、あれかなあ。「わしは、なぜ、こんなに幼児性欲に関心があるのか」とは思ったが、ユダヤ人の割礼《かつれい》のところかもしれないと思うんだよな。

ユダヤ人は、男の子が生まれたら、すぐに割礼をする。要するに、ペニスの包皮を切るんだよな。いわゆる包茎《ほうけい》にならないように手術を施《ほどこ》すんだが、これをやったらユダヤ人の印として一生残り、ほかの者との違《ちが》いが明らかになるんだ。このあたりから、ユダヤ人には、ペニス願望というか、ペニスに関心が出てくるので、幼児性欲に非常に関心がある。

生まれたあとに、ペニスの包皮にメスを入れることによって、要するに、大人になるわけだ。いわゆる包茎状態がなくなるから、言ってみれば、「大人にするための割礼」なんだ。

それは、性感帯への刺激《しげき》が早いことを意味しているから、ユダヤ人は、ほかの民族よりも性感を感じるのが早い。つまり、異性への目覚めが早いことになる。普通は大人になってから、まあ、十代の後半ぐらいに目覚める「異性への関心」や「恋《れん》愛《あい》感情」が、比較《ひかく》的、幼少時に生まれることになる。

それで、幼少時に手近にいる者は誰《だれ》かとなると、母親であるので、母親に対して異常な性的関心を持つことになる。しかし、当然ながら、それに対しては非常な罪悪感もあるわけで、まあ、処女マリアを讃《たた》えているキリスト教的な影響《えいきょう》も考えれば、幼少時に、母に対して性欲を持つことは、オリジナル・シン（原罪）に当たるわけだ。どうしても、原風景として、原罪的なものを感じるよな。

この「母親に対して性欲を感じた」ということが「原罪感」を生み、それが、父親への攻撃《こうげき》性になって表れてくる。そして、息子《むすこ》が家庭内で父親にお尻《しり》を叩《たた》かれたりと、いろいろ、しつけをされるんだけど、ここには母への愛をめぐる「三角関係」が生まれていて、父と息子が、母を取り合っているという現象が、比較的幼少のうちから始まっているんだな。そんな家庭のなかで育っていくから、問題が大きくなってくるわけだ。

やがて、その異常な性欲が、他者に反映されていくし、学校に通うようになると、外の人との関係を持つようになってくるから、やはり、幼少時の子供との接し方は、非常に大事なものだと私は思うけどね。

要するに、人間の、あらゆる病気の根源にあるものは何かというと、「抑圧概念《よくあつがいねん》」なんだ。自我というものは、竹の子のように伸《の》びていこうとする大きなものであるから、これを、コンクリートの塊《かたまり》や、石の塊で抑《おさ》えつけようとしても、どうしても突《つ》き破って出ていこうとする。この戦いが、人間の成長なんだけど、それを突き破っていくときに、当然ながら、苦しみや痛み、悩《なや》みが生まれてくるんだな。これが、ほとんどの問題だと思う。

これを自己確認できれば、自分を許すことができ、解放することができるようになる。夫婦《ふうふ》問題なんかでも、いつしか、「妻と母とを比べていたにすぎなかった」ということに気づくようになるわけだ。まあ、そんなところがある。

私自身が虐待《ぎゃくたい》を受けたかどうかは、よく知らないけど、家に大きなハサミがあったのを覚えているから、何と言うか、「あれでペニスを切られるのではないか」という恐怖《きょうふ》は強かったなあ。「悪い子だったり、『おいた』をしたりすると切りますよ。ちょん切りますよ」と言われたような……。

綾織　実際に、そういうことを、お父様から言われたのですね。

フロイト　でも、母親からも言われたような気もするなあ。

すべては「性欲」が原因なのか

綾織　素朴《そぼく》な疑問なのですが、性的な目覚めは、十代のどこかで起きてくるにしても、ユダヤ教の影響によって、すべての人が、ずっと性的なことを考えているわけではないと思うのです。

フロイト　そうじゃないの？　君たちは、一日中、考えてないか。

綾織　いえ、考えていないですね。

フロイト　考えてない？　そんなことがあるのか。

綾織　先ほど、虐待についてのお話もありましたけれども、かなり特殊《とくしゅ》な環境《かんきょう》で成長されてきた印象を受けざるをえません。

フロイト　（綾織に）君は、ペンで書く人らしいけど、ペンというのは、男性のシンボルなんだよ。君は、ペンでもって攻撃してるけど、それは、「男性シンボルで、女性を犯《おか》したい」という気持ちが、ペンを走らせ、記事を書かせて、他者を批判しているんだ。そうすることで、実は、父親と対抗《たいこう》してるんだよ。

綾織　（苦笑）そういうことは、まったく考えたことがないですね。

フロイト　それは、ペンではなくて、ペニスなんだよ。小さいな！　それは、コンプレックスを感じるだろう。

綾織　やはり、公的な正義を考えておりますので、まったく性的なものとか……。

フロイト　いや、それは違うんだよ。やはり性欲なんだよ。「社会に対する性欲」というのがある。「支配したい」という気持ちが、ペンを走らせるんだ。

綾織　まったく結びつきません。申し訳ないですが、そのへんに、非常な「異常性」を感じてしまいますね。

フロイト　異常かなあ？　私は、永遠の真理だと思うな。人間として生まれたら、逃《のが》れることはできないよ。

フロイトが語る「実母への思い」

綾織　そのへんについて、学問的なアプローチからお伺いしたいと思います。

フロイト　ああ、そうか。

金谷　あのー、精神分析《ぶんせき》学の……。

フロイト　（金谷に）君、くたびれてるな。

金谷　（苦笑）すみません。

フロイト　もう駄目《だめ》だ。

金谷　いえ、「二十世紀の巨人《きょじん》の一人」と言われておりますフロイト博士から……。

フロイト　ああ、それ分かってくれる？

金谷　お考えをお聴《き》かせいただければと思います。

今、エディプス・コンプレックスについて教えていただいたと思うのですが、フロイト先生の伝記を読ませていただきますと、「小さいころから非常に頭がよくて」……。

フロイト　「頭がよくて」、それはいい言葉だよ。君、いいな。善人じゃないか。

金谷　「お母様にとっての希望の星であった」と書かれております。

フロイト　ああ。

金谷　一方、お父様については、「非常に厳格で厳しい方だった」と書かれております。

フロイト　まあ、そうだな。

金谷　お母様は、若くて美しい方で、あなたは、非常に愛されており、ほかのきょうだいに比べて特別扱《あつか》いをされていたようです。

例えば、あなた一人だけが、個室や石油ランプを与《あた》えられたり、妹たちがピアノを弾《ひ》いていたら、あなたの邪魔《じゃま》になるからと、そのピアノを処分されたことがあったようです。

フロイト　どこからともなく、「マザコン！」という声が聞こえてくるんだがな。

金谷　お母様の愛情を独占《どくせん》したくて、お父様が競争相手になり、汽車のなかでお母様の裸《はだか》を見てしまったりして、お母様への愛が募《つの》った結果、近親相姦《そうかん》的な願望……。

フロイト　近親相姦的願望……。俺《おれ》を分析するか。うーん。

金谷　とともに、お父様への憎悪《ぞうお》があったのではないかと、後《のち》の分析学者が申しておりますけれども、このへんについては、いかがでしょうか。

フロイト　いや、やはり母を愛しておりましたから、「父親が、母を本当に幸福にできているかどうか」ということへの疑問はあったよな。

君が言ったように、母は若かったから、欲求も十分にあったんじゃないかと思うんだが、父親は、君みたいに、くたびれてるわけよ。だから、かわいそうじゃないか。元気なやつが、母を幸福にしてやらないと、かわいそうだから、(会場を見渡《みわた》しながら)あのへんに、よさそうな〝種馬《たねうま》〟がいるような感じがするけど、なんか、母の幸福を実現させてやりたい気持ちはあるわけよな。

だから、母を不幸から救ってやりたいし、父親の、つまり、暴君の圧制から解放してやりたい気持ちはあったよな。それはあったよ。

それは、今の時代にもあるんじゃないの? なんか、母親とそんな関係だった人が、大勢、ここに座《すわ》ってるように感じるけどな。息子の出来がいいと、母が父を放り出して、息子に夢中になって、愛するんじゃないの?

金谷　そういう気持ちは、小さなころから持ち続けておられたわけですか。

フロイト　それはあるけど、今もあるんだろう？　ここに、大勢、座ってるよ。それは、ノーマルで、当たり前なんじゃない？

「釈迦《しゃか》がやり損《そこ》ねたこと」を科学的にやろうとした？

金谷　いや、フロイト先生のそうした個人的な気持ちを、全部の人がそうであるかのように普遍《ふへん》化されたことに対する批判が、後々《のちのち》、起こっております。

フロイト　いや、まあ、でもね。

ああ、何となく感じてきた。君らは、仏教にも少し関係があるところらしいけども、仏教というのは、同じなんだよ。釈迦《しゃか》は、性欲と闘《たたか》って悟《さと》りを開いたが、私は性欲の解明に入ったわけで、論点は、ほぼ同じなんだよな。

釈迦は、断食《だんじき》し、苦行《くぎょう》することによって、性欲を統制しようとしたわけだけども、私は、ヒステリーや癲癇《てんかん》など、性欲から発するいろいろな病気の原因を突き止めることによって、それを解放しようとした。要するに、抑圧感情が、それを起こしているから、それを解放しようとしたわけで、釈迦がやり損《そこ》ねたことを、科学的にやろうとしたんだよ。

確かに、君らには、私を呼ぶ正当性があるな。うん、うん。実に、ある。

綾織 「心の働きは、性欲から発する」ということですけれども、「肉体的なもの以外から、心の働きが出てくる」というお考えは、持たれていないのですか。心の働きは、すべて、性欲等の肉体的なものから起きてくると……。

フロイト いや、それほど単純ではない。夢分析や、夢判断のなかには、もっと、いろいろなものが出てこないわけではないし、人間のコンプレックスというか、葛《かっ》藤《とう》に関しては、さまざまなものが登場してくるからね。

ただ、「根源なるものは何か」というと、やはり、「リビドー的なもの」というか、

「性衝動《しょうどう》に裏付けられた強い欲求」だよな。この扱いが、人間の幸・不幸、および病気等をつくっておるんだ。

4 「無意識」についての理解を問う

「無意識」とは精神作用のことなのか

金澤　私は、大学で、心理学を専攻《せんこう》していたのですが……。

フロイト　ああ、〝いい子〟じゃないか。

金澤　ただ、フロイト博士のご本を、なぜか読めなくて……。

フロイト　それはいかん。

金澤　それで、ぜひ、フロイト博士のお考えを教えていただきたいのですけれども、専門的なお話が始まってしまったので、私のような者にも分かるように……。

フロイト　何を言っている。心理学科を出て「分からない」とは何事だ。

金澤　ええ、すみません。

フロイト　卒業は当然してないだろうな？

金澤　いえ、卒業はしました。

フロイト　それはいけない。君ね、それは取り消しだ。

金澤　（苦笑）いや、フロイト先生の教えを学んだわけではありませんので。それはさておき、フロイト先生のおっしゃる「無意識」とは、一言で言うと、どういうものなのでしょうか。私たちのような、一般《いっぱん》的な人や学生にも分かるように説明していただきたいと思います。

フロイト　無意識というのは、「本人が自覚していない精神作用」ということなんだよ。

金澤　「精神作用」ですか。

フロイト　人間は、「表面意識で判断して、自分で全部やっている」、つまり、「自覚的にやっている」と思ってるけど、実は、起きている間にも、自覚的ではない精神作用が働いて、いろいろな行動や判断をしておるんだ。眠《ねむ》っている間には、まさしく無意識界のなかに完全に没入《ぼつにゅう》しておるので、眠っている間の無意識界の活動もあるけど、起きている間にも、実は、自覚的に動いていない部分、衝動《しょうどう》的にする部分があるわけよ。

あなたであれば、あなたが朝起きてから今までの間に、無意識に行うパターンが、たくさんあるんだよな。「考えていないのに、そのような動作をし、仕草《しぐさ》をし、行動をする」というものが必ずある。朝起きてからの行動のなかにね。

そのなかには、全然、自己分析《ぶんせき》ができていないものが、たくさんあるのであって、そういう「自己分析ができていないもののなかに、その人の運命を支配する何かがある」と考えるわけだ。

その人が自覚していない部分を見抜《みぬ》き、さらに、深層心理のなかにまで穿《うが》ち入《い》って、根源的なるものを発見する。これで、実は解決されることがあるんだよ。

「無意識界の構造」について懸命《けんめい》に語る

金澤　今、おっしゃった深層心理とは、「心の世界」なのか、「脳のなかの作用」なのか、どちらでしょうか。

フロイト　それは、意見が分かれるところではあるけれども……、まあ、二十世紀だからねえ。「科学的に考えなければいけない」ということになりますし、ユダヤ人であっても科学者が活躍《かつやく》している時代で、『旧約聖書』の時代とは違《ちが》うのでね。
『旧約聖書』の時代であれば、夢判断でもする人か、預言者みたいな者ぐらいしか存在しないだろうけれども、すでに、われらの時代は、神の声が聴《き》こえない時代であるし、そういう霊《れい》の世界とかについて、あまり言うと、迷信《めいしん》すぎるので、やはり、この世が中心にはなる。まあ、戦争が派手で大規模になった理由も、この世での生存ということが極《きわ》めて大事だからであるんだよ。

だから、君らが、たぶん思っておるであろう、「霊界《れいかい》なるもの」とか、「魂《たましい》があって生まれ変わる」とかいう、古代インドのような思想そのものは、ストレートには受け入れがたい。

ただ、それに当たるものとしては、やはり、「自分で『自分』と思っているもののなかに、表面だけに出ているものではない、さらに下に、固い『自我』があって、そのさらに下の、もっともっと深いところに、『超《ちょう》自我』なるもの、『スーパーエゴ』があって、さらにその下に、超自我を動かしているところの、もっと根源的な衝動としての『イド（エス）』というか、何かがある」という、そんな構造には見える。

これが、無意識の世界の基本的な構造で、超自我の部分は、いちおう個人にまで入《こ》り込んでいるんだけれども、「超自我の底にあるイドの部分、つまり、無意識的衝動は、もう少し広範《こうはん》な人類につながっているのではないか。要するに、竹が地下茎《けい》でつながっていて、そこから竹の子が出ているように、実は、人類にも、つながっている〝地下茎〟が、どうもあるのではないか」と、私は見ているわけよ。

その〝地下茎〟から〝竹の子〟が出て、それを自分の個性だと思っているけども、実は、〝地下茎〟の部分があるのではないかとは思っている。その〝地下茎〟の部分を、やはり発見しなきゃいけない。

だから、ナチスなどについても、やはり、「個人」であるように見えながら、〝地下茎〟の部分でつながっていて、「ユダヤ人を迫害《はくがい》したい」という「全ドイツの集合想念」のような強いものが、地下茎の部分の無意識界にたまってるんだよ。

例えば、地球を掘削《くっさく》すると、地層のなかに、いろいろなものがたまっているよね。下のほうに石油がたまっていたり、マグマがたまっていたりするけど、それと同じように、下の部分には、一定の大きな池のようなものがあって、そこから間欠泉《かんけつせん》のように出てきているものがあるんだ。それを「個性だ」と思っているんだけど、実は、深いところに、「共通無意識」が存在するようには見えているな。

それでも「霊界《れいかい》」を肯定《こうてい》できないフロイト

金澤　それは、「霊界《れいかい》」と受け取ってよろしいですか。

フロイト　まあ、「霊界」というのは「信じるもの」だろうから、科学の立場からは、ズバリ、「霊界だ」とは言えないな。

金澤　「超自我」とは、宗教で言うと、何に当たりますか。

フロイト　「『超自我』が、宗教で言うと何に当たるか」って？　うーん。自我の部分には、まだ表面意識の影響《えいきょう》がかなり出てはいるからね。だから、生きてる人間の考えや意欲、ヴィルトゥ（意志力）が、かなり反映しておる。ところが、超自我になると、生きている人間の自由意志とは、ちょっと離《はな》れたものがかかわってくることは間違いないね。本人が「つながりがある」と思っている意識領域よりは、もうちょっと大きい、「本人の基本的な精神傾向《けいこう》を決めている何か」が存在していることまでは解明できている。これを「超自我」と言ってよいと思う。

ただ、この超自我については、「個人的に動ける」と思っているかもしれないけど、さらに下にある「全体的無意識のようなもの」から逃《のが》れることはできない。まあ、マグマの上に浮《う》いているプレートのようなものだから、ここからは逃れられないわけで、全体が動き始めたときには、個人なるものの表面意識も潜在《せんざい》意識も、それには勝てないものがあるように思うな。

金澤　宗教の立場から申し上げますと、「『無意識』というのは霊的世界であって、そこには、自分自身の魂の兄弟もいれば、天国や地獄《じごく》の存在もいる」と説かれているのですが、この考えに関してはいかがですか。

フロイト　まあ、知識としては、それは『旧約聖書』にも書いてあるから、多少は知らないわけではないけど、現実に天使が出てきたり、悪魔《あくま》が出てきたりしているわけじゃないからねえ。

「夢の世界」と霊界《れいかい》との関係

金澤　もう一つ、お訊《き》きしたいのですが、フロイト博士の有名な業績に、「夢判断」があります。「愚問《ぐもん》だ」とお叱《しか》りを受けるかもしれませんが……。

フロイト　うーん、卒業を取り消すかもしらんなあ。

金澤　（苦笑）「夢判断」と「夢占《うらな》い」は、どう違うのでしょうか。女性に分かるように教えていただければと思います。

フロイト　「夢判断と夢占いは、どう違うか」?
精神分析医がやった場合が「夢判断」で、占い師がやった場合が「夢占い」だよ。

金澤　両方とも、潜在意識に関係あるのではないですか。

フロイト　まあ、君ね、夢にも、全部がそうとは言えない部分があって、起きているときに受けた刺激《しげき》が、そのまま出てくるものもあるからね。
例えば、「寝《ね》る前に怖《こわ》い物語や絵本を読む。あるいは、映画を観《み》る」ということをしたら、寝ている間《あいだ》に、そういうものを見る。つまり、化《ば》け物《もの》に追いかけられる夢を見たりすることがあるから、これは明らかに、この世に起源があり、表面意識が作用して、そういう夢を見せているわけだ。子供であれば、夜、怖い物語を聞かせて寝かしたら、夜中に泣き出すような夢を見るからね。

だから、「『夢の世界』とは、必ず、『霊界《れいかい》の世界』である」と解釈《かいしゃく》するのは、やはり問題があると思う。

ただ、この世に生きている、その人に関係がないところや、あるいは〝地下〟に行くこともあるので、そのへんについては、やや不明の部分が残らないわけではないけどね。

5　間違《まち が》いだらけの「宗教観」

神はなく、宗教は幻想《げんそう》である？

金谷　フロイト先生の書簡のなかには、「神なきユダヤ人」という表現が使われております。これは、ご自身のことなのかと思うのですが……。

フロイト　まあ、そうだね。そういえば、よく、「神なきユダヤ人」と言われるよ。

金谷　また、宗教観については、『幻想《げんそう》の未来』というご著書に、「宗教は幻想である」と書かれております。

フロイト　それは、有名だな。

金谷　つまり、フロイト先生は、「神はいない」とお考えでいらっしゃるのでしょうか。お聴《き》かせください。

フロイト　まあ、「宗教は幻想である」という言葉によって、たくさんの医者が、飯《めし》を食えるようになったわけだ。宗教へ相談に行っていたやつが、医者のほうに来るようになったんだから、この言葉は偉大《いだい》な言葉なんだよ。これで、数多くの医者が、ご飯を食べられるようになったわけだからな。

その前は、お寺の坊《ぼう》さんだとか、牧師だとか、あんな者に懺悔《ざんげ》に行ったりと、いろいろやっていたんだろうけど、宗教を幻想だと思えば、もう効き目がないし、昔は悪いことがあると、「悪霊《あくりょう》が憑《つ》いた」と言って、エクソシストをやっていたけども、そんな能力のある人は少なくなっておる。

　でも、「精神分析《ぶんせき》」という一つの定式《ていしき》を考えれば、誰《だれ》でも援用《えんよう》できるし、こういうふうに、リピーティングができなければ、やはり、科学ではないからね。

　宗教には、連綿とした歴史があることは事実だけども、ときどき妄想患者《もうそうかんじゃ》の極端《きょくたん》な人が出てきて、つくり上げた世界もあれば、あるいは、教訓的に人々を従わせるために、神や神の教えなるものをイマジネーションでつくったことも、おそらくはあるんじゃないかなあ。

　私たちは、強迫神経症《きょうはくしんけいしょう》的な人をそうとう診《み》たけど、歴史上の宗教家には、そういう強迫神経症の人が多いと思うんだよ。「とっても潔癖《けっぺき》な人」を、患者として、かなり診たし、「善悪について潔癖で、悪なるものは絶対に許せない」とか、あるいは、「清潔症で、汚《よご》れたものを絶対に許せない。臭《にお》いも許せない」とか言うんだよね。だけど、この類《たぐい》のなかには、精神的態度の善悪のところに、非常に潔癖なものがあると思うんだ。

　そういう寛容《かんよう》性が薄《うす》れた、極端な異常性格をしている人が、やはり有名な宗教家には多いんじゃないかな。そういう人たちがイマジネーションでつくり出した世界を、多くの人が信じさせられているように思うよ。

イエス・キリストを「精神異常者」と分析《ぶんせき》するフロイト

綾織　イエス・キリストについても、そのように理解されているのですか。

フロイト　イエス・キリストの精神分析《ぶんせき》を、私に依頼《いらい》するか。まあ、妥当《だとう》な相手ではあろうと思うが、殺される恐《おそ》れがあるから、言葉を選ばないといけない。

綾織　（苦笑）あなたは、すでに、亡《な》くなっているのですよ。

フロイト　え？　そんなことはないよ。何を言ってるの？　今、何とか〝崖登《がけのぼ》り〟

をしようとしてるんだから、亡くなってはいないよ。ただ、閉《と》じ込《こ》められてるので、その相手がいるかもしれないから、気をつけないとな。これは、もしかして、クリスチャンの仕業《しわざ》か？　まさか、そんなことはないよな。

まあ、イエス・キリストの精神分析ね。

はっきり言って、人類は、あの時点から狂《くる》ったんじゃないかなあ。ユダヤ的な意味における神の概念《がいねん》が明らかに崩壊《ほうかい》したのは、イエス・キリストの時代だと思うんだよ。

ユダヤ的な意味での神とは、「メシアを導く者」でなければならなかったんだ。メシアとは、いわゆる「強い家父長《かふちょう》」で、「家族を守る父親の役割が救世主であり、その救世主を遣《つか》わされるのが神である」という概念だったし、その守らねばならぬ家族とは、民族でもあり、人類でもあるわけだよ。ところが、家族を守るべき家父長であるところのイエスが、茨《いばら》の冠《かんむり》をかぶせられ、ムチ打たれて、十字架《じゅうじか》にかけられて無残に殺されたために、家父長制的な神の概念は、完全に崩《くず》れ去った。

しかも、死んだままであればよかったのに、復活させることによって、イエスを神にまで高めてしまった。〝完全なる倒錯《とうさく》〟が、ここで起きたんだよな。

本当は、「この世の王」であり、「真理の王」でもあるべき者が、この世的には滅《ほろ》びたというか、この世において負けた。だから、「この世の王」はシーザーであり、カエサルであるからして、そのままであっては嘘《うそ》になるから、「あの世の王」というか、「霊界《れいかい》の王」という概念が出てくるわけね。

つまり、「天の国の王」ということになったんだけども、その概念すら、ユダヤ民族が迫害されて、ユダヤの国が滅びることによって、疑わしいものになったよな。

現実には、彼は、滅びの象徴《しょうちょう》にしかなっていないにもかかわらず、パウロ以下の伝道によって、神の国づくりができたかのような幻想を世界中に振《ふ》りまいた。それがキリスト教の伝道であって、「人類を倒錯させた偉大な宗教」という意味では、偉大な宗教だよ。

綾織　イエス・キリストは、「精神異常者」に当たるわけですか。

フロイト　もちろん、そうでしょう。当たり前だ。

いや、「彼だけ」とは言わないよ。彼は、単に捕《つか》まって殺されただけだから、もしかしたら、普通《ふつう》の人かもしれない。だけど、彼を「神」、あるいは「神の独《ひと》り子《ご》」にしたやつらが精神異常者であることは間違《まちが》いない。とってもファナティック（狂《きょう》信《しん》的）だね。

「医者」さえいれば「聖職者」は要《い》らないのか

綾織　フロイト先生にとって、「精神的に正しい、まともな人」とは、どういう人なのですか。

フロイト　それは、今、医者しかいないんじゃないか？

頭脳明晰《めいせき》で、両親からほめ称《たた》えられ、この世的には、社会からも信仰《しんこう》を受け、金《きん》銭《せん》的にも恵《めぐ》まれ、地位も与《あた》えられ、尊敬されて、誰が「先生」と呼んでも不思議ではない存在。それが医者だな。これが、いちばんノーマルな存在であって、もう聖職者は要《い》らない。医者さえいれば、この世は、もう十分だ。

そういう意味では、その主流をつくっているのは私だろうな。

綾織　つまり、「現代においては、信仰や尊敬を集める者として、医者が最も高い位置にいる」という認識なのですね。

フロイト　そう、そう、そう、そう、そう。そうなんじゃないの？　君らも、こういう「潜在意識《せんざいい》」について言っているわけだから、医学部に入れなかったやつらが、ここに集まっているんだろう？

金澤　フロイト博士は、今、「イエス・キリストは、精神異常者だ」とおっしゃいましたが……。

フロイト　いや、キリストが異常者なわけじゃなくて、キリストを使って宗教を起こし、それを広げたやつらが、集団的ヒステリーにあったのは間違いない。

金澤　さらに、「イエスは、単に殺されて死んだのだ」ともおっしゃいましたが、「復活の奇跡《きせき》」については……。

フロイト　まあ、妄想があったからね。その前にね。

金澤　「復活の奇跡」とは、妄想だったのですか。

フロイト　君ね、それを信じるあたりが、すでに、一定の病院の枠《わく》を超《こ》えている。それは、隔離病棟《かくりびょうとう》に移動する寸前なんだ。

金澤　そうですか。

霊的《れいてき》存在は「善用できるなら実在のように見せてもよい」？

金澤　では、フロイト博士は、奇跡や、あるいは天使、悪魔《あくま》の存在を信じないわけですね。

フロイト　まあ、それは、物語は何でもあっていいからさあ。

金澤　物語ではなく、現実のものとして、どう思われているのか教えてください。

フロイト　だから、君が訊《き》いているのはさあ、「ピーターパンは存在しますか」とか、「サンタクロースは存在しますか」とかいうような質問だから、大人がそれを、どう答えようと構わない。

「子供を善導する」というか、よい方向に導けるのは、「サンタクロース様はちゃんと存在しますよ。あなたがよい一年を送れば、クリスマスには、ちゃんといいプレゼントを、あなたが願っているとおりのプレゼントをくれますよ」ということだ。これは、実際には親がくれるわけだけども、そういうことは実在しても構わないし、そういうのが、「もう通用しない」となったら、実在しなくても構わない。

ピーターパンも、夢の世界や、おとぎの国、魔法の世界を信じている人には実在するように言ってもいいし、そういうピーターパンだとか、いろんなものがあることで、「子供を騙《だま》して寝《ね》つかせられる」というようなこともあるしね。

金澤　要するに、「子供の教育のためになら、そういう話はあってもよい」というレベルですか。

フロイト　うーん。だから、「効用がある」というか、善用できるのなら実在のように見せてもいいと思うが、証明することはできないわね。

「無意識」についてはぐらかすフロイト

金澤　「神仏《かみほとけ》や目に見えない世界はない」とおっしゃいますが、なぜ、目に見えない「無意識の世界」や「潜在意識」は信じられるのでしょうか。

フロイト　「なぜ信じられるか」って、現実にあるじゃない。あなたは、朝からした行動を全部、克明《こくめい》に思い出すことできるかい?

金澤　うーん。できると思います。

フロイト　いい？　何も考えなくても、自然にここまで辿《たど》り着くだろう？

金澤　それは、「習慣」になっているものですか。

フロイト　あなたが「習慣」と言っているものが無意識なんだよ。だから、あなたの自我のなかに、すでに無意識が入り込んでいるんだ。

金澤　詭弁《きべん》に聞こえるのですが。

フロイト　いや、そんなことはない。人は、全部を意識して判断しているわけじゃない。「あなたがマイクを右手で持つか、左手で持つか」ということは、これは別に、あなたが判断してやっているわけでは……。

金澤　いや、判断しています。右手で鉛筆《えんぴつ》を持たなければいけないので。

フロイト　……。なるほど。なるほど。そういうこともあるのか。うん。なるほど。

金澤　要するに、都合《つごう》がいいところだけを言っているのではないですか。

フロイト　君がそういう持ち方をすると、なんかね、いやらしいんだよな。

金澤　なぜですか。

フロイト　なんかね、男性性器をなめる仕草《しぐさ》のように見えるんだよ。

金澤　そういうことは失礼だと思います！　女性に対して、すごく失礼ですよ！

フロイト　いや、「それを言う」って、最初から、この人（大川隆法）が、なんか宣言してたじゃないか。

金谷　途中《とちゅう》からすみません。

宗教に足を踏《ふ》み入れたユングは「人格破綻《はたん》を起こした」のか

フロイト　はあ。

金谷　今、無意識の話を教えていただいているのですが、フロイト博士の場合、無意識について、今のように全部、性的な問題に置き換《か》えています。

フロイト　関心はあるね。

金谷　一方、ユング博士は、そうした「個人的な無意識」と、もう一つ、「集団的無意識」とをしっかりと分けており、「実は、集団的無意識は、多くの人間とつながっているものなのだ」とおっしゃっていました。つまり、あなたが個人的に言われているものよりも、さらに大きな無意識を提唱《ていしょう》されているわけです。

また、「集団的無意識のなかに、象徴として、さまざまなアーキタイプ（元型）があるのだ」というように捉《とら》えておられるのですが、そのユング博士について、あなたはどのようにお考えですか。

フロイト　ユングはね、人格破綻《はたん》を起こしたんだよ。

金谷　人格破綻ですか。

フロイト　うん。人格破綻を起こして、科学の世界から宗教の世界に、足を踏《ふ》み込んでしまったんだな。あれは駄目《だめ》だ。人格破綻を起こしちゃったな。

それは、歴代の宗教家が、道を誤ったところなんだよ。だから、人間の心の探究をしたり、こもって修行《しゅぎょう》したりしているうちに、異常な現象がいっぱい起きるんだ。いろいろなものが聞こえてきたり、見えたり、体験したりするようになる。自我がそれを統制できているうちは破綻しないんだけど、ユングの場合は、もう、人格破綻を起こしてしまったんだ。

「自我の分離」というのが起きてだね、「無意識の世界に行って、いろいろなものを見てきた」とか、あるいは、「地球の外に出た」とかいうようなことを言い始めたわけで、明らかに異端だよな。これは、もう、科学の領域から逸脱《いつだつ》したと思われる。

それから、「アーキタイプ」と言ったが、まあ、その、「元型」かな。

金谷　はい。「元型」です。

フロイト　「元型」という言い方はね、非常にずるい言い方だと、私は思う。

金谷　ずるいですか。

フロイト　その「元型」という言い方は、決して科学的な言い方じゃないね。
例えば、サークル（円）というものがあったら、これが、ウィーンで見つかろうが、イギリスで見つかろうが、アメリカで見つかろうが、そういうサークルというのが、別のところにもあったら、「人間の心のなかに、そういう元型としてのサークルがあるんだ」みたいな言い方になってくるわけだ。
これなんか、私は、ずるい言い方のように感じるなあ。

「霊的《れいてき》現象は誤解や偶然《ぐうぜん》によるもの」という見解

金谷　しかし、ユング博士の場合は、「霊的《れいてき》世界を知っておられ、あるいは、体験され、そうしたなかで、無意識の世界を解き明かしていった」というような評価がございます。

例えば、あなたとユング博士が一緒《いっしょ》におられたときに、二回、爆発《ばくはつ》音が聞こえたことがあり、二回目の爆発音は、ユング博士が「もう一度、起こりますよ」と言ったあとに起こっています。そのときに、あなたは、非常に驚《おどろ》かれたそうですよね。そうした、見えない世界、霊的世界を、ユング博士は探究されていたわけですが、あなたの場合、「そこが、性的な世界で止まってしまっている」という評価があるわけです。

フロイト　いやあ、それは、ラップ現象のことを言ってるんだろうし、あるいは、ポルターガイスト現象とか言われるものもあるけど、それは、私たちの時代より、もっと前からあるもので、一八〇〇年代から、非常に有名になっているものではあるんだ。

まあ、それは、必ずしも科学的に立証されたものではなくて、手品等でも起きることであるし、偶然性《ぐうぜんせい》もあるから、ユングがいたときに起きたからといって、それがいつも起きるわけじゃないからね。そういうラップ現象のなかには、やはり、誤解や偶然もかなりあるからさ。

例えば、ネズミが天井《てんじょう》を走ってもですね、「何か霊が騒《さわ》いでいる」というふうに取ることだってできるし、偶然、パタッと本棚《ほんだな》から本が落ちることだってないわけじゃないですからね。それはありますよ。あるときに、そういうことが起きることはあるから。

まあ、ユングは、そういうのに、はまっていったから、ちょっと宗教色が強くなって、学者としては異端化が進んだんじゃないかなあ。

人は「幼少時の体験」をもとに判断している？

金澤　今、ユング博士のことを批判なさいましたが、異端という意味では、フロイト博士も、「かなり異端である」という気がしないでもありません。

というのは、先ほどから何度もおっしゃっていますけれども、その「幼少時の経験やトラウマによって一生が決まってしまう」というような理論は、非常に歪曲化《わいきょく》されている気がするのです。例えば、トラウマを負っても、そのトラウマを克服して立派に生き、社会的に尊敬されている人は大勢いるわけですが、その点については、どうお考えになりますか。

フロイト　まあ、幼少時と言っても、人間は、十歳《さい》ぐらいまではねえ、自分の子供時代のことを覚えてるんだよ。ところが、十歳ぐらいを中心にして学問的なものが始まって、いろいろ勉強していくうちに、それが頭脳のなかに蓄積《ちくせき》されていくと、その幼少時の体験を、だんだん忘れていくんだよね。

それで、大人になって、いろいろな判断をする際に、「自分独自の勉強や学問によって考えができて、いろいろと判断している」と思っているんだが、実は、「小さいころに母親に言われたことや父親に言われたこと、自分が体験したこと等が噴出《ふん しゅつ》して出てきている」ということを理解できないことが多いんだよね。これは、精神分析医にかからなければ判明しないことが多い。

だから、人間関係のつまずきなんかは、本当は、幼少時に隠《かく》された自己があるんだけど、それを見つけられていないために起きていることが多いわけだ。私の見る限り、ほとんどの場合、まあ、八割から九割は、やはり幼少時にその端緒《たんしょ》があるな。

宗教は「性の抑圧《よくあつ》」から始まるのか

金澤　それは、理論としては分かります。しかし、宗教的には、過去をずっと振り返って反省をし、例えば、「親に怒《おこ》られたことや、誰かに傷つけられた言葉を抜《ぬ》くことによって解決していく」ということもあるわけです。

ところが、フロイト博士は、その原因を、全部、性的なものにしてしまいます。

必ずしも、それだけではないと思うのですが、なぜ、そこまで性的なものにこだわり続けるのでしょうか。


フロイト　人間のいちばん強いものは、性欲、食欲、睡眠《すいみん》欲の、この三つの欲だよな。この三つの欲で、人間は突《つ》き動かされている。

まあ、食欲については、私はあまり語るべきではないかもしれなくて、それについては食欲から体型に基《もと》づく性格分類をしている人が別にいるからさ。「体型によって気質が違う」と言う別な専門家がいるとは思うけどね。

例えば、太った人の場合は、「循環質《じゅんかん》」といって、躁鬱《そううつびょう》病の始まりだよな。（気分が）上がったり下がったりするとかね。

あるいは、「痩《や》せ細った人は神経質」とか、「筋肉質の人は粘着質《ねんちゃく》」とか、まあ、そういうふうに考える人も、なかにはいるので、食欲とそれを結びつけて考えてもいいのかもしれない。

ただ、そういう別の感じのアプローチはありえると思うけれども、私自身に関して言えば、食欲の部分が、それほど大きく影響《えいきょう》したような感じはしないし、睡眠欲のところは、今は、潜在意識のところで少し入ってはいるかもしれないけれども、性欲のところが、やっぱりねえ。

まあ、ユダヤ教徒から始まって、キリスト教、それから仏教など、すべての宗教がそうだけども、宗教というのは、ほとんど「性の抑圧《よくあつ》」から始まっているんだよ。だから、近代というのは、やっぱり、宗教からの「啓蒙《けいもう》」というか「離脱」であって、哲学《てつがく》によって宗教の部分を切り離《はな》し、そして、哲学が宗教を切り離してくれたがゆえに、そこから科学が発展してきたわけだ。要するに、「教会から『世界』を分離してくれたために科学が発展した」ということであるのでね。

でも、「宗教の根っこは何か」と言えば、やっぱり「性欲の抑圧」ですよ。あなたの団体も、きっとそうだろう。性欲のところをいろいろ問題にして、なんだかんだ言って、けっこうそれで、全人格的判断を加えてくると思う。これが、宗教の持つ、いちばんの罪悪性の一つだと、私は思うね。

ほかのものと同じように研究し、判断しようとしないで、性欲のところだけを異常に突出《とっしゅつ》して罪悪視し、抑圧する傾向《けいこう》がある。この抑圧感が、長年、頭の上の重石《おもし》として、ずっと人類を圧迫し続けていたので、これから解放してやるということは大事なことなんだ。

だから、事実を教えてやることによって、「ああ、自分は、そういう考えにとらわれていたのか」ということで、それから解放してやる。人間には癖《くせ》があったり、妙《みょう》な関心があったりするわけだけど、「自分に何でそんな癖があるのか」ということを理論的に説明してやることによって、学問に目覚めた知性的な人間も、自分の悩《なや》みを解決できるようになったということだな。

綾織　確かに、キリスト教には、そういう抑圧が存在しますので、おっしゃりたいことはよく分かるのですが。

フロイト　抑圧ですよ。「抑圧の体系」が宗教です。

人間の成長を説くマズローの心理学は「金儲《かねもう》けの心理学」？

綾織　一方で、フロイト博士が確立された、性的衝動《しょうどう》をもとにする心理学とは別に、マズローのような、人間として成長し、成功していくための心理学もあります。

フロイト　ああ、それは〝金儲《かねもう》けの心理学〟だな。

綾織　（苦笑）金儲けの心理学は駄目なのですか。

フロイト　私は、金儲けはそれほど考えてなかった。ただ、結婚《けっこん》をしたので、金がないと生活できないから、しかたなく開業したんだ。本当は生活資金があれば、そんな医者をしなくても、別に、研究者でもよかったんだけど、患者を取らなければ食べていけないから、まあ、しかたなくしたけどね。

そういう、人間の成長の心理学を言うやつは、金儲けが目的だ。

綾織　やはり、人間というのは、子供から青年、そして、大人へと成長していきますので、その時代に合った心理学というか、心の考え方が必要になると思います。

その意味では、たいへん失礼ながら、「フロイト博士の立てられた心理学は、ごく一部、当たっているところもあるかもしれませんが、分析の物差しとしては、狭《せま》いというか、小さいのかな」という感想を持ちました。そのあたりについては、どうお考えでしょうか。

フロイト　それはねえ、君、宗教的に言うとね、こんなことだよ。そういうことを私に言うなら、暗示をかけるよ。

「君は、今晩、夢を見る。大きなハサミが追いかけてきて、『君の〝もの〟』をちょん切りに来る。チョキチョキとちょん切りに来るのが怖《こわ》くて怖くて、逃《に》げる夢を見る。『偉大なフロイトに対して、学説を批判するようなことをした』ということで、君は、〝自分自身〟を失う。男性としての威厳《いげん》を失う。そんな夢を君は見ることになる。そういう強迫観念が生まれてくる」

まあ、これが、人間の「罪の意識」の始まりなんだな。

「『戒律《かいりつ》を破ったら地獄《じごく》行き』と脅《おど》すのが宗教」という偏見《へんけん》
綾織　（苦笑）そういうふうに、すぐ性的なものに結びついていくところが、非常に不思議に見えるのです。

フロイト　いや、だから、言ったでしょう？　実際は、宗教が問題なんだって。宗教は、基本的に「性欲の抑圧《よくあつ》」から発生してるんだ。近時《きんじ》、性欲を抑圧しない宗教ってのが少し出てきてはいるようだけれども、基本的には、抑圧して何かを我《が》慢《まん》させると、宗教が発生するんだよ。

だから、禁圧条項《じょうこう》、「戒律《かいりつ》」なるものを何か定めて、「これを破ったら、地獄《じごく》に堕《お》ちるぞ」と言って脅《おど》せば、宗教が発生する。

そのなかで、いちばん手ごろなのは食欲で、まあ、例えば、「断食《だんじき》」ということで、やってるところはいろいろあるわな。ユダヤ教だって、イスラム教だってやってるし、仏教だって断食はあるかもしれないけど、まあ、それは、そんなに難しいことではないでしょうけども。

性欲っていうのは、猫《ねこ》のように、二月ごろとかにあるものだったら楽だけども、基本的に一年中あるからね。一年中湧《わ》いてくるものだから、なかなか抑《おさ》えられない。だから、道徳律みたいなものによって、それを抑え込む。そして、社会のルールにしようとする。

ただ、そのなかに、実は無理があるから、その無理の部分が別なところから噴出してきて、人間に異常行動をとらせ始めるんだよ。

「性の問題」を研究することで、人間社会の秘密が解ける？

金澤　あなたは、おそらく、小さいころから、宗教的なことでご両親に厳しくしつけられ、かなり苦しい思いをされていたと思うのですが、「その経験を中心に学問をつくっていった」と解釈《かいしゃく》してよろしいでしょうか。

フロイト　うーん。

金澤　ご自身の体験から、「これは、人類にとって非常に大きなことになる」と思われて、それで、自分のご経験をもとに体系化されたわけですか。

フロイト　うーん。いや、「性の問題」は、確かに摩訶《まか》不思議だよな。宗教（の本）を読めば、神様の言葉として遺《のこ》ったり、いろいろしてるのかもしれないけど、善悪を考えた人間の行動を考える意味では非常に重要だ。

また、男性の行動を考えるに当たっては、女性というものを抜きにして考えられないのでね。女性の目から見て、魅力《みりょく》的な……、まあ、雄雌《おすめす》という言い方をしていいかどうかは分からないけど、雄として魅力的になるために、孔雀《くじゃく》は羽を広げる。あれと同じようなことが、違うかたちで行われているわけで、それが自然界にあるわな。

だから、それを研究することで、人間社会の秘密が解けるんじゃないかなあ。

「性欲の抑圧《よくあつ》」が、人間関係のぶつかりの原因なのか

金澤　性的なことで苦しむのは、普通にあることかもしれないのですが、ただ、性

的なものに向かうエネルギーを、別のものに向けていくことも可能かと思うのです。

フロイト　いや、そういうことを言うこと自体が、もう、「宗教的な人間」であることを意味してるわけでね。

「宗教的人格」が存在すること自体を、私は否定してませんよ。「宗教的人格」自体が存在することは否定しないし、そういう言い方をする人は、だいたい、「宗教的人格」の持ち主で、それが適正なレベルで止まってるうちはよろしいんだけれども、レベルを超えて抑圧《よくあつ》体系が強くなってくると、やはり、人格破綻を起こして、変なことをし始めるんですよ。

それが、人間関係でのぶつかり、例えば、親子やきょうだい、夫婦《ふうふ》等でのぶつかり、あるいは、職場での人間関係のもつれに転化しているにもかかわらず、「それが原因だ」ということが分からない人が多いわけなんですね。

金澤　先ほど、「食欲・性欲・睡眠欲」という三つの大きい欲を挙げてくださったのですが、これだけだったら、何だか、動物のようですよね。こうした欲を超え、高邁《こうまい》な理想を追いかけて、例えば、いろいろな発明をして世の中の役に立つとか、そういう生き方をしてこそ、「人間」だと言えるのではないでしょうか。

フロイト　精神分析学って、高邁な思想じゃないの？

金澤　いや、精神分析学はたいへん素晴《すば》らしいのですが、ただ、その物差しが……（苦笑）。

フロイト　それを勉強した人は、私のものを繰《く》り返し読むべきだと、みんな、そう言っている。なあ？

金澤　私は読めなかったのです。

フロイト　私のだけ、読んでおればいいわけよ。

金澤　いえ、読めなかったのです。

フロイト　そっちを読んでおれば、宗教に走らなくて済んだのになあ。

金澤　読めなくてよかったかもしれません。はい。

6　フロイトに説得を試みる

地獄《じごく》の「穴」から一時的に出られた自分を不思議がる

綾織　今、穴のなかに入っていらっしゃるそうですが、そこから出たいですよね？

フロイト　うーん。これ、何だ？

綾織　それがフロイト博士の望みですよね？

フロイト　いやいや、今、出てきてるのかな。これ、出てるのかなあ。あれ？　おかしいな。なんか、出てるような感じが……。

綾織　今は、一時的に出ています。

フロイト　なんで出られるんだろう？　ピッケルみたいなものがなきゃ、出れないはずだな。

綾織　大川総裁が招霊《しょうれい》をされたので、今は、ここにいるわけです。

フロイト　ここのところについては、私の理論が少し欠けてるので、ちょっと分からないんだけどなあ。

綾織　これが終われば、また穴のなかに戻《もど》っていくことになりますが。

フロイト　うーん、穴に戻っちゃうのか。

綾織　そこから出る方法として、「ピッケルを使う」というのもあるかもしれませんが、おそらくは性器のことをずーっと考えていらっしゃることが、今のあなたの環境《かんきょう》をつくっているのだと思うのですよね。

フロイト　いや、君が善意の人だったら、穴の上に来て、ロープを垂らしてくれれば、それで済むんだ、なあ？

綾織　今、ロープを垂らしている状態なんですが。

フロイト　垂らしてるのか。これ？

綾織　はい。垂らしています。

フロイト　そうなのか。うーん。

質問者の〝唯性器論《ゆいせいきろん》〟という言葉に反応する

綾織　唯脳論《ゆいのうろん》というものがありますが、フロイト博士の考えは、〝唯性器論〟のような感じですね。

フロイト　まあ、そうかもしれん。

綾織　「性的衝動《しょうどう》が、すべてを動かしている」という状態になっていますが、学問ですので……。

フロイト　だから、男女の問題もね、基本的には、そうなんだ。男には、基本的にペニス・コンプレックスがあり、その劣等感《れっとうかん》を感じている。それで、ペニスの大きいやつが、「男として偉大《いだい》だ」と思って、威張《いば》り始め、小さいやつはコンプレックスを感じて、ちっちゃくなるんだ。だけど、どこかで、それをはね返そうとして、勉強をしたり、スポーツをしたりして、何かほかのものでカバーして、他人《ひと》にほめられるようになると、そのペニス・コンプレックスを克服《こくふく》できるようになる。

女性は逆だよな。「そういうものが付いてない」ということに気がついて、「自分は、『神の創られたもの』として見たら、何か落としてきた。忘れてきた」ということで、〝劣等民族〟としての意識を生まれつき持ってしまうんだな。

「私は、純粋《じゅんすい》に恋愛《れんあい》を求める正常な人間だった」との反論

金澤　性的なことばかり、ずっと考えていますと、例えば、「独占欲《どくせんよく》」とか、「嫉妬《しっと》

心《しん》」とか、あまり好ましくない感情も湧《わ》いてくると思われますが、いかがでしょうか。

フロイト　うーん。まあ、それはよく見てきたよ。うん。見てきた、見てきた。それについては見てきた。

金澤　例えば、あなたは二十六歳のときに、のちに奥様となる女性と出会い、ほとんど一目惚《ひとめぼ》れだったそうですが、経済的な理由で、すぐにはご結婚《けっこん》できず、四年ほどの婚約期間に、「九百通ぐらい恋文《こいぶみ》を書いた」と伺《うかが》っています。

フロイト　「長すぎた春」と言われてね。ええ。

金澤　「すごく、情熱的」と言えば、聞こえはいいのですが、非常に嫉妬深かったのではないかという……。

フロイト　嫉妬深い？

金澤　ええ。そういう後世の分析《ぶんせき》もありますが、いかがですか。独占欲が非常に強かったとか？

フロイト　嫉妬深いか。うーん。まあ、嫉妬深い……。君、なんか、いやらしいところを攻《せ》めてきたな。

金澤　いや、私《わたくし》は、フロイト博士の学問の本質を素直《すなお》に知りたいだけです。

フロイト　私《わたくし》個人は、そんなね、君らが考えるような、「異常性格で、性にのめり込《こ》む、『切り裂《さ》きジャック』みたいな人間」じゃないんだよ。

そうじゃなくて、「私は、純粋《じゅんすい》に恋愛《れんあい》を求めるような、正常な人間であった」ということを証明しているわけで、「私は、あくまでも、正常な男女の姿をちゃんと求めることができる人間であるにもかかわらず、異常な人たちをちゃんと分析してきた」ということだな。

それは、「いかに、私がノーマルな人間であるか」ということを証明してるんじゃないかなあ。

「いやらしい言葉の多用」を正当化するフロイト

金澤　ところで、私の考えでは、科学や学問には、非常に客観的というか、「いろいろな角度から分析して、実証していく」というところがあると思うのですが、フロイト博士の場合、「一点集中突破《とっぱ》」と申しますか、そういうところも感じられるのですが、そこはいかがお考えですか。

フロイト　「精神分析」っていうのは、あれなんだよねえ。医者っていうのは、個人的に人生相談に乗ってると、その人のモヤモヤしたもののなかに入っていくんでなあ。

だから、女性たちから相談を受けてると、その夫であるかのような幻想《げんそう》を描《えが》きやすい立場になりやすくてね。まあ、非常に難しい関係で、気をつけないと、その相談する女性とその夫と私との間《あいだ》に、三角関係が出来上がってしまうようなことがある。

だから、そういう三角関係ができないようにするためには、「いかに女性が嫌《いや》がるような言葉も平気で使うか」っていうことが大事で、それで、まあ、それを使ってるんだよ。いやらしい、君らが嫌がるような言葉を使うと、三角関係にならないように一定の〝防波堤《ぼうはてい》〟ができるからね。

そういうふうに、医者に対してね、患者《かんじゃ》の女性が恋愛感情を必ず持つんだ。大きな病院で、いろいろと大勢がやるような場合じゃなくて、個人で繰《く》り返し相談を受けるようになると、恋愛感情を持ってくるので、これを避《さ》けるのは、けっこう大変なんだよ。

それを避けるために、あえて、あなたがたが嫌《きら》うような、「ペニスがどうのこうの」とか、「性欲がどうのこうの」とかいう言葉を多用してるんだ。そうすることで、実は、客観的な〝幕〟を引いて、距離《きょり》をつくろうとしてるんだよ。分かってくれるかなあ。

綾織　常にそこへ戻ってしまいますね。

「穴が好きであること」を認め始める

綾織　その穴から出る方法を一緒《いっしょ》に考えたいと思うのですが。

フロイト　穴が好きなのかなあ。

綾織　好きなのでしょうね。そこが好きだから、いらっしゃるのだと思います。

フロイト　潜在意識《せんざい》で、好きなのかなあ。うーん。

綾織　はい。その、自分のこだわりの部分から、うまく離《はな》れていく方法はないでしょうか。

フロイト　うーん……。

綾織　必ず性的なものに行ってしまうので。

フロイト　なんで穴から出れないか。穴が、もし、子宮から女性性器までのものを意味しているとするならば、うーん、そうだなあ、子宮から前のことまで分かれば、〝あれ〟なのかなあ。出れる？　〝裏側〟に出れるか……。

たまにニーチェから「手紙」が来る

金澤　誰《だれ》か、助けてくれそうなお友達とかはいらっしゃいませんか。あるいは、ご自身の先生でもよいのですが。

フロイト　いやいや。すべての宗教を敵にしたので、そういう意味で、「宗教家が私を助ける」っていうことは不可能だ。

金澤　宗教家でなくてもいいと思うんです。大学の先生でもよいし、あるいは、別のお知り合いでもよいし、誰か尊敬していた方とか、好きだった方とかはいらっしゃいませんか。その人に向かって、ヘルプを求めるというのは……。

フロイト　いやいや、私は穴のなかにいるが、風の便りに聞くと、まあ、「マルクスは、繭《まゆ》か何かのなかに入って寝《ね》とる」っていう話もあってな。みんな、いろんなところで寝るんだなあ（『マルクス・毛沢東《もうたくとう》のスピリチュアル・メッセージ』〔幸福の科学出版刊〕参照）。

綾織　ニーチェという方はいらっしゃいますか。

フロイト　ああ、いたねえ。ああ、いたねえ。

綾織　話をされたことがある？

フロイト　同時代人かなあ。

綾織　生きていらっしゃるとき、同じ時代に……。

フロイト　ああ、いたことはいたねえ。まあ、有名な方だわなあ。

綾織　「最近、話をした」とか、「何かが来た」とかいうことはありますか。

フロイト　ニーチェ、ニーチェ。ああ、この前、手紙が着いた。

綾織　手紙？　ほう。

フロイト　うん。なんか、手紙が穴のなかに落ちてきたような感じ。

綾織　どんなお手紙でしょうか。

フロイト　うーん。手紙に書いてあったのがねえ……。何が書いてあったかな。あのー、「ここの変な宗教は、『科学』を名乗っているけども、捕《つか》まって〝洗脳〟されないように気をつけな」というような警告が……。

綾織　はあ。それは、極《きわ》めて最近のお手紙ですね？（『公開霊言 ニーチェよ、神は本当に死んだのか？』〔幸福の科学出版刊〕参照）

フロイト　うん。そうだね。「〝洗脳〟されないように気をつけろ。とってもしつこい人たちで、〝洗脳〟されてるから、彼らを〝改心〟させることは、ほとんど不可能だ。だから、あくまでも自分を守り抜《ぬ》かなければ駄目《だめ》だ」というようなことが書いてあった気がする。

綾織　なるほど。たまに手紙が来るのですか。

フロイト　うん。なんか来るんだよなあ。たまになあ。何となく……。

綾織　そうですか。では、交流をされている？

フロイト　いや、付き合ってるつもりはねえんだけど、何となく……。うーん。よく分からん。

ダーウィンとの交流もないわけではない

綾織　あと、ダーウィンという方も、実は、最近、ここにいらしていただいて、お話をお伺いしたのですが（『進化論─150年後の真実─ダーウィン／ウォーレスの霊言─』〔幸福の科学出版刊〕参照）。

フロイト　ダーウィンも、そこそこ偉《えら》い人なんじゃないのかなあ。

綾織　やはり、手紙が来たりとか？

フロイト　まあ、勇気のある方だわな。ただ、私らみたいに、人間の人格の内側に入り込むほど高度な仕事はしてないのでね。彼は、やっぱり、動物の研究とかだから、分野がちょっと違《ちが》うな。

だから、動物専用と人間専用の違いだなあ。〝動物病院〟に勤めてるのがダーウィンね。

綾織　実際に接点はない状態なのですね？

フロイト　私は、〝人間病院〟のほうだな。

綾織　特に話をされたりすることはないのですね？

フロイト　ただ、「全然ない」というわけでもないような気もする。

綾織　何かあるのでしょうか。

フロイト　彼は、「人間は、動物から進化したものだ」っていうようなことを確信していらっしゃるようだからね。まあ、そういう意味で、さっき、「動物と一緒じゃないですか」と言われても、私が怯《ひる》むことがないのは、やっぱり、ダーウィン先生のそういう力強い発見があるからだねえ。

マルクスは、〝ドラキュラ〟のように閉《と》じ込《こ》められている？

綾織　「マルクスは繭のなかに入っているので、特に交流できる状態ではない」ということですかね？

フロイト　うん、何だかねえ、ドラキュラみたいになってるんだって。なんか、繭だか、棺《ひつぎ》だか知らんけど、なかに入って、十字架《じゅうじか》かなんか、打ち込《こ》まれたんだって。あいつは、よっぽど悪いことをしたんだろうなあ。

綾織　（苦笑）

フロイト　私は、唯物論みたいな、・・・ちんけな思想は説いてないからねえ。

今の状態は「診療《しんりょう》の合間《あいま》に見ている夢」

綾織　マルクスは繭のなかに入っていますが、あなたが、今、穴に落ちている状態も、実際には、同じような状態にあるんですね。

フロイト　いや、でも、これは、どう見ても、壁《かべ》のようであって、壁ではなくて、やっぱり、なんか、うーん。女性性器のような感じがする。

綾織　マルクスも亡《な》くなっていますし、「地獄《じごく》という世界で隔離《かくり》されている」という状態なんですよ。

フロイト　地獄……。「地獄」っていう言葉は知っているけども、証明ができないよなあ、証明が。

金澤　「証明ができない」とおっしゃいますが、それでは、普段《ふだん》、あなたは何をされていますか。ずっとお食事をしていないと思いますが、お腹《なか》がすいたりはしませんか。

フロイト　いや、だから、「診療《しんりょう》の合間《あいま》に、ちょっと、うつらうつらと夢を見ているんだ」と言ってるじゃないか。

金澤　でも、要するに、食べていないんですよね？　「ずっと食べたり飲んだりしていない」ということは、「生きていない」ということですよね？

フロイト　「食べてない」と言ったって、昼寝してるときに食べられる人なんていないでしょう？

金澤　それでは、なぜ、今、しゃべっていらっしゃるのですか。

フロイト　うん？

金澤　なぜ、今、しゃべれるのですか。これは、お昼寝をしている状態なのですか。

フロイト　いや、夢の世界で、どこかに呼ばれてるんだろう？

金澤　その「夢の世界」というのは、霊の世界ではないのですか。

フロイト　「ピーターパンの世界」に、今、来てるんだろうなあ。意味不明で、何だか、もうひとつ、よく分からないけど、これは、私の理論のなかからは、ちょっと外れているものがあるのでね。「無意識界であれば、自覚がないはずなのに、自覚があって、無意識界に存在できる」っていうことは、今ひとつ分かりにくい。

綾織　「無意識界」というのは、霊界《れいかい》の一部でもあります。まあ、キリスト教でも説かれていますが、あなたは亡くなって、霊になり、あの世に還《かえ》られている状態ですよね？

フロイト　だったら、今、天国に還ってなきゃいけない。天国に、こんな穴があいてるとは知らんかったな。

綾織　残念ながら、今、天国ではない世界にいらっしゃる状態なのです。

フロイト　「天国ではない」って？

綾織　はい。

フロイト　君、断定したな！　科学的に、それを説明できるか。

綾織　「客観的な情報を分析すると、おそらく、そうであろう」ということです。

フロイト　君も、本当は、穴のなかに入りたいんだろう？　だけど、入れないから、嫉妬して言ってるんじゃないの？

精神分析《ぶんせき》学が「人々を救えていない事実」を問う

綾織　今も、仕事をされているそうですが。

フロイト　仕事はしてるよ。

綾織　それは、おそらく、〝精神分析医《ぶんせき》〟としてのお仕事かと思いますが。

フロイト　うん。わしを尊敬してる人だったら、ときどき、夢の世界で会えるんだ。

綾織　ただ、現代において、非常に問題になっていることがありまして、心の病《やまい》を持たれている方が精神科にかかられるわけですが……。

フロイト　精神科にな。うーん。実に正しい。正しい。実に正しい。

綾織　ただ、そこでは、あまり、しっかりとした分析がなされず、薬をたくさんもらうばかりで……。

フロイト　寝かすんだろう?

綾織　心の病がなかなか治らないと、なかには、自殺をしてしまう方もいます。

フロイト　だからね、宗教を信じてると、「自殺すると地獄に行く」と思うのであって、宗教を信じなければ、地獄に行かなくて済むんだよ。

綾織　自殺をして、天国に還れない人が、日本には毎年三万人近くいる状態ですし、世界には、もっとたくさんいます。

その部分にも、フロイト博士が立てられた精神分析の考え方が非常に大きな影響《えいきょう》を与《あた》えているのです。

「自殺」と「性欲」を無理やり結びつけるフロイト

フロイト　「自殺と性欲」かあ。うーん。新しい著書が考えられるなあ。

綾織　（苦笑）性欲とは、直接、かかわりがない部分もあると思うのですが……。

フロイト　自殺と性欲……。性欲をなくしたら自殺するんじゃないか。性欲があれば、自殺はしないんだよ、人間は。

綾織　まあ、そういう方もいらっしゃるかもしれませんが。

フロイト　性欲は、生存欲に必ずなるから。

綾織　自殺にはいろいろな理由があって、性欲だけが問題ではないと思います。

フロイト　性欲を失った者が自殺するんだよ。

綾織　話を戻しますと、あなたの思想が、現代に大きな影響も与えておりますので、失礼ながら、その部分についての「罪《つみ》」があるのではないでしょうか。

フロイト　（会場を見渡《みわた》し）いや、聴衆《ちょうしゅう》はね、私の話を聴《き》いて感じ入《い》ってる。「やっぱりインテリなんだなあ」っていう、みんなの尊敬の念を感じるよ。君たちが私にはとても届かないのを、みんな感じ取ってるよ。

やっぱり、これは、学問の力の差だな。

綾織　いや、何かしらの反省が必要かと思います。

フロイト　反省？　反省は、宗教っていうか、仏教の〝あれ〟だろう？

「ユングは迷信《めいしん》を信じて〝脱落《だつらく》〟した」と思っているフロイト

綾織　先ほど、「誰かを呼んではどうですか」という話もありましたが、ユング博士は、宗教的な部分も認めておられましたし、ご縁《えん》もありますので、ぜひ、呼ばれてはいかがですか。

フロイト　ユングは裏切ったからなあ。あいつは迷信《めいしん》を信じたんだよ。だから、脱《だっ》落《らく》したんだ。

金谷　というか、フロイト博士の「性一元論」のようなものに疑問を感じたからではないでしょうか。実際、アドラー博士（一八七〇～一九三七、オーストリアの精神医学者）もそうですが、仲間やお弟子《でし》さんがかなり離《はな》れていったという事実があります。

フロイト　わしは頑固者《がんこもん》だからね。うーん。確かに、頑固だから、それは、そうかもしれないけども。

7 悪魔《あくま》とのかかわりについて

訪《たず》ねてきたヒトラーを診察《しんさつ》する

綾織　「今は穴のなか」とのことですが、手紙で連絡《れんらく》を取ってくれる方もいらっしゃると思います。また、天使や悪魔《あくま》などはいないという話ですけれども……。

フロイト　あっ、この前ねえ、お客さんが来たんだよ。

綾織　ああ、いらっしゃいましたか。

フロイト　お客さんが来たんじゃないか？　知らんけど、あの、ヒトラーっていう人。

綾織　ああ、そうですか。ほうほうほう。

フロイト　うんうん。「医者にかかりたい」って言って。

綾織　医者にかかりたい？

フロイト　なんでかは知らんけどなあ。

金澤　診察《しんさつ》してさしあげたのですか。

フロイト　した、した、した、した。

金澤　どうでしたか。

フロイト　やっぱり、彼の性欲が問題であることは、よく分かった。性欲が異常に発達しすぎていて、あの性欲を満たすためには、もう、本当にヨーロッパ中の女性を〝侵略《しんりゃく》〟しなかったら、ちょっと収まらなかったんじゃないかなあ。うーん。

「ルシフェル」という名の患者《かんじゃ》は来ていない

金澤　たぶん、フロイト博士に精神分析《ぶんせき》してもらいたいと思っている方は、ほかにも大勢いると思うのですが、例えば、ルシフェルという名の患者《かんじゃ》さんは来ませんでしたか。

フロイト　うーん。そんな患者はいないよ。それは、古代の預言書に出てくる人だろう？　なあ。

金澤　ああ、預言書。

フロイト　堕天使《だてんし》になってる人じゃないか。

綾織　「堕天使とかいう存在はいない」という話でしたけども、過去に、そういう名前で存在した人が来られたことはありませんか。

フロイト　まあ、ミルトンか誰《だれ》かが、物語に書いて有名にしただけなんだろう？

金澤　ああ、『失楽園《しつらくえん》』ですね。

フロイト　まあ、目が見えない人が書くのは、それは簡単だけどさ。

「自分を指導できる者は世の中にいない」と豪語《ごうご》

金澤　では、最近の方は患者さんとして来られていますか。まあ、ヒトラーも最近の人に当たると思うのですが。

フロイト　最近……。いや、あれはユダヤ人を迫害《はくがい》したので、やっぱり、その罪滅《つみほろ》ぼしをしたくなったのかなあ。

綾織　あなたのところに、指導をするというか、いろいろ教えてくださるような方は来られませんか。

フロイト　わしを指導できる者がおるかって？

金澤　インスピレーションとか、アドバイスとかをくれるような人。それこそ、誰かからの手紙がポトンと落ちてきて……。

フロイト　私を指導するっていうのは、それは大変なことだよなあ。

綾織　はい、はい。まあ、偉《えら》い方だとは思いますけれども。

フロイト　私を指導できる……。まあ、同業者は、ほかにもいたことはいたが、指導という……。

綾織　たまに相談を受けたりするような方はいらっしゃいますか。

フロイト　うーん。指導となると……。指導とまで行くと……、そうだなあ。わしを指導できるような人は、おるかなあ、世の中に。うーん……。

金澤　「フロイト博士が偉大《いだい》な体系をつくった」と、世の中の人は言っています。ただ、フロイト博士が、学生時代に尊敬していた人とか、参考にした学説とか、そういうことがあるのではないでしょうか。

まったくの「無」からやるというのは、いくらなんでもないと思うのですが。

フロイト　ヒステリー研究をやってた先生はいたがなあ。うーん。まあ、でも、私のほうが、ずーっと偉くなっちゃったような気がするから、あれは関係ない。

自分を救いに来たパウロを「患者《かんじゃ》」と誤解する

綾織　例えば、『聖書』のなかに名前が出てくるような人が……。

フロイト　来たことがあるかって？

綾織　はい。いらっしゃいますか。

フロイト　君らは、物語の世界に生きてるからなあ。

綾織　物語でいいのですけれども。

フロイト　物語のなかで……、『聖書』のなかで有名な人……。

綾織　はい。「夢のなか」にいらっしゃるとのことですので、いろいろな方が出てくるとは思うのですが。

フロイト　ああ、そういえばねえ、パウロの「変態性心理」について診察したことがあるような気が……。

綾織　あ、パウロがいらっしゃったのですか。

フロイト　ええ。患者《かんじゃ》としてパウロが来て、「自分がいかに変態かということを分析してほしい」と……。

綾織　（苦笑）それは、あなたを説得しにいらっしゃったのではないですか。

フロイト　ええ？　だいぶ前だけどなあ。最近じゃなくて、だいぶ前だから。

いや、説得って、なんか知らないけど、彼はね、「キリスト教をつくってしまった罪を、今、どうやって拭《ぬぐ》おうか」と反省してるわけよ。

イエスは、十字架《じゅうじか》で野垂《のた》れ死《じ》にしたわけね。それを、あたかも復活したように言って、世界宗教になるようにやったのはパウロだろう？ パウロには虚言癖《きょげんへき》があったもんだから、「目が見えなくなって、また見えるようになった」とか主張して、そして、キリスト教をつくった。そのために、世界中の人たちの性欲を抑圧《よくあつ》して苦しめたから、その罪を拭うために、私のところに懺悔《ざんげ》にやってきて、私の診察を受けたような気がするんです。

金澤　それは、たぶん、失礼ながら、あなたを救い・・・・に来たのではないかと思うのですが。

フロイト　そうかなあ。

綾織　まあ、パウロは、キリスト教、あるいは、ユダヤ教系に縁《えん》のある方ですので、おそらくは、救いに来られたのだと思います。

「過去世《かこぜ》」については考えたこともないフロイト

綾織　先ほど、「現代においては、医者がいちばん信仰《しんこう》を集めるべきだ」というような話がありましたが……。

フロイト　うん。医者はいちばん偉いんじゃないか。

綾織　ええ。そういう、ある種の教義をつくられて、教祖的な存在になられていると思うのですが……。

フロイト　まあ、そうなのかなあ。

綾織　あなたは、過去にも、宗教を起こしたり、あるいは、宗教のなかで生きたりした記憶《きおく》はありますか。転生輪廻《てんしょうりんね》という考え方は、キリスト教にはないかもしれませんが、生まれ変わりについて……。

フロイト　過去ねえ。考えたこともなかったなあ。

綾織　そういう人生経験をされた記憶はありますか。

フロイト　「人類の歴史に、私のような者が存在するか」ということか？

綾織　そうですね。似たような仕事をされた記憶はございませんか。

フロイト　人類の歴史で、私のような者が、はたして存在したか。うーん……。

綾織　フロイト博士に匹敵《ひってき》するような仕事をされた方だと思うのですが……。

フロイト　まあ、似たような人と言えば、地動説を唱えたような人とか、そんなような人に相当するんじゃないかなあ。

綾織　はあ……。ちょっと違《ちが》うかもしれませんね。

フロイト　まあ、偉業としては似たようなもんだろう。

綾織　ええ。

ベルゼベフから「催眠術《さいみんじゅつ》のかけ方」を教わる

金澤　ちょっと、また、〝おとぎ話〟の世界にお付き合いいただきたいと思います。先ほど、「ルシフェルは、古代の預言書に出てくる存在だ」とおっしゃいましたが、ベルゼベフについてはどうですか。

フロイト　ベルゼベフ……。聞いたことはあるねえ。

金澤　聞いたことはある？

フロイト　それは『聖書』に書いてあるじゃないか。『新約聖書』になあ。

金澤　訪《たず》ねてきたことはありませんか。

フロイト　ベルゼベフ、ベルゼベフ……。あっ、ベルゼベフはねえ、睡眠《すいみん》を操《あやつ》るんだよ。

金澤　睡眠を操る？

フロイト　うん。睡眠を操るんだ。あのー、私たちは、患者に催眠術《さいみんじゅつ》をかけなきゃいけないからねえ。催眠術をかけて、退行させて、幼少時のことを思い出させなきゃいけないので、私たちは、催眠術師でもあったわけなんでね。だから……。

金澤　では、協力をいただいているわけですか。

フロイト　そうだねえ。協力してもらったような気はするなあ。

金澤　ああ、そうですか。つまり、お弟子《でし》さんになるのですか。

フロイト　ええ？　弟子なのかなあ。なんか、「催眠のかけ方」は教えてくれたような……。

金澤　教えてくれた？

フロイト　そんな気がするなあ。

綾織　最近も交流があるのですか。

フロイト　最近でもあるかって？　うーん、ベルゼベフ……。いや、いた。そういうものは存在したなあ。
確か、「催眠術」や、「眠《ねむ》り」に関係がある人なんだよ。この人は、「眠り」を支配する人なんだ。「眠り」を支配して……。

金澤　そうすると、同じ領域の方なのでしょうか。

フロイト　（ベルゼベフは）蠅《はえ》、蠅……、「蠅の王」とも言われているのでね。まあ、よくは分からないんだけども、そうだねえ、あなたがたは、大学で授業を聴《き》いているとき、大事なところになったら寝《ね》てしまうことがあるけど、そのようなときに働いてくる人なんだよ。

ベルゼベフやルシフェルと〝夢の世界〟でつながった？

金澤　「ベルゼベフに催眠術のかけ方を教えてもらった」ということですが、ルシフェルという人も、けっこうベルゼベフと似たような所にいると言われています。ルシフェルについては、まったく知らないのですか。

フロイト　ルシフェルっていう人はねえ、「性の衝動《しょうどう》というものが、人間にとっていかに大事か」ということを教えてくれたような気がする。

金澤　それを教えてくれたのですか。

フロイト　「これが人間の根本《こんぽん》であって、これがあることによって、人間は人間であり、人間の帝国《ていこく》をつくれたんだ」ということを言ってたな。

綾織　ということは、お仕事として、協力しながらやっている状態なのでしょうか。

フロイト　いや、よく分からない。今は、夢の世界のなかにもいるんで、ちょっと、よく分からないんだけど、どこかでつながった記憶はあるな。

金澤　やはり、一人ぼっちではないのですね。

フロイト　いや、一人ぼっちなんだけど……。

金澤　でも、今、教えてくれる方がいると。

フロイト　何だろうね。でも、夢の世界だからね。だから、『聖書』に書いてあるようなものが、何か象徴的《しょうちょう》に現れてる可能性はあるから、違う者かもしれないしなあ。

「モーセはエジプトの王女の子」という〝トンデモ理論〟？

金谷　フロイト博士は、最晩年に、『モーセと一神教』という本を書かれましたが、そのなかで、「モーセは、ユダヤ人ではなく、エジプト人だった」という、妄想《もうそう》に近いような感じの「トンデモ理論」を述べておられます。

フロイト　「トンデモ理論」って……。君にそんな新しい言い方ができるのか（会場笑）。

金谷　（苦笑）ええ。そういう変わった理論をお説きになったのですが、モーセ様が訪ねてくることはございませんか。

フロイト　まあ、モーセはエジプト人なんじゃないか。あれは、物語なんじゃないかなあ。エジプト人だよ、やっぱりねえ。

金谷　『旧約聖書』では、「イスラエル人のレビ族の父と母の間に生まれた」ということになっておりますが。

フロイト　いやあ、「葦舟《あしぶね》で流されて、王女に拾われて、王子みたいに育てられた」なんて、出来すぎだよな。これは、あまりに出来すぎた、昔話の定型だよな。定型だから、これは出来すぎで、実は、王女がだね、親が認めてない人との間で子供をはらんだということなんだよ。そして、出産したということだ。これは、エジプト人だよ。間違いないわ。

"夢のなか"で会っている「日本人のファン」とは

金澤　あなたには、いろいろ先生筋というか、協力者筋の方がいらっしゃって、学問にさらに磨《みが》きをかけておられると思うのですが、現在、「地上」と言って語弊《ごへい》があれば、「夢のなかの世界」で、誰かほかの人に教えを説いていることはありますか。

フロイト　ああ、日本人には、わりに、わしのファンがいるんだ。

金澤　例えば、どなたがいらっしゃいますか。

フロイト　夢のなかで会いに来る？

金澤　ええ、それで結構です。

フロイト　会いに来る人も、たまーにいたような気が……。

金澤　どなたがいらっしゃいますか。

フロイト　日本人で会いに来た人がいたような気がする。何て言ったかな。

金澤　松本清張《まつもとせいちょう》はどうですか。

フロイト　いや、そんな人は知らん。

金澤　そういう感じではない？　思想家ですか。

フロイト　養老孟司《ようろうたけし》って言ったかなあ。あんな人は、なんか来たような気が……。

金澤　養老孟司。ほかには、どなたがいますか。

フロイト　あとはねえ……。

金澤　中沢新一《なかざわしんいち》とかはご存じですか。

フロイト　中沢新一かあ。中沢新一、中沢新一、中沢新一、うーん……。

金澤　けっこう本も出している人なんですけれども。

フロイト　うーん、岸田秀《きしだしゅう》とか、中沢新一、島田裕巳《しまだひろみ》。そんな名前は、ちょっと聞き覚《おぼ》えがあるような気がする。

金澤　なるほど。

フロイト　うーん。

宗教の世界が〝蟻《あり》地獄《じごく》〟に見えている

綾織　今日は、わざわざ来ていただきまして、本当にありがとうございました。ただ、先ほど名前が出ました、ルシフェル、ベルゼベフ、ニーチェ、ヒトラーなどは、地獄《じごく》の方々ですので……。

フロイト　まあ、君たちが宗教の立場でそう言うのは自由だと思うよ。

綾織　ええ。また、パウロは地獄の人ではありませんので、ぜひ、パウロをお呼びになって、話を聞いていただき、今後の参考にしていただければと思います。

フロイト　いや、パウロごときの学識では、私を論破できないんだよ。

綾織　しかし、今は残念ながら地獄にいらっしゃるようですので、これから、ぜひ、ご自身が精神分析学で説かれた内容について、よく考えていただくとよいのではないでしょうか。

フロイト　まあ、君らは、宗教の世界で〝虜《とりこ》〟になっているらしい。私は穴ぼこのなかに入ってるけど、君らは〝蟻《あり》地獄〟のなかに今いるわけだから、この〝蟻地獄〟、もしくは、〝すり鉢《ばち》〟のなかに入ってる君たちを、どうやって引き上げるか。

綾織　今、ご自身の置かれている環境《かんきょう》を、よく見ていただいて……。

フロイト　まあ、新しい理論を出して、先ほどの『自殺と性欲』とか、新しい本を出して、なんか、〝啓蒙《けいもう》〟しなきゃいかんなあ。

綾織　非常に孤独《こどく》な世界にいらっしゃると思いますので、「それはなぜか」ということを、ぜひ考えてください。

「神への愛」を偽善《ぎぜん》と主張するフロイト

フロイト　きっと、君らと僕《ぼく》らでは、「愛」についての概念《がいねん》が違うんだろうなあ。

綾織　まったく違うと思います。

フロイト　僕は、やっぱり、性愛から行くからな。

綾織　「肉体に基《もと》づかない愛」というものは存在しますので。

フロイト　君らのやつは、あれだろう？　私は「偽善《ぎぜん》の愛」だと思ってるけども、「聖職者の愛」みたいなのを言いたがるんだろう？

金澤　神への愛です。

フロイト　まあ、いいよ。そういう人がいてもいい。ただ、〝害悪〟は、あんまり流さない範囲《はんい》で、自分たちだけで言っておりなさい。それなら構わないからさあ。そのへんが大事だな。〝蟻《あり》地獄〟のなかから出ないように、そのなかで教団をつくってやってなさい。

綾織　いえいえ。「神への愛」というものが世界の常識ですし、私たちは、当然、それに基づいて生きていくべきものだと思います。

フロイト　まあ、学問性を大事にするようにな。やっぱり、「すぐ信じてはいけないんだ」ということを、よく知らなきゃいけないな。

綾織　本日は、フロイト博士の心理学をよく理解させていただきました。本当にありがとうございました。

フロイト　うん。

大川隆法　はい、ありがとうございました（二拍手《はくしゅ》する）。

8 「真実を覆《おお》い隠《かく》す思想」を打ち破れ

フロイトについて今回の霊言《れいげん》で分かったこと

大川隆法　やはり、このクラスになると、もはや手の打ちようがありません。すごいですね。これは、影響《えいきょう》が大きすぎますね。

綾織　大きいですね。お医者さんは、基本的に、この影響を受けていると思います。

大川隆法　医学が宗教とぶつかっている根拠《こんきょ》は、ここにあるのでしょう。フロイトから流れている説を使えば、宗教の世界を否定できるので、あとは、肉体のところだけを扱《あつか》えばよいということになります。

病院では、この流れのなかで、〝正規に〟医療《いりょう》が行われているわけですが、本来は「淫祠邪教《いんしじゃきょう》」と分類されるべきものが、科学として存在しているのです。つまり、精神安定剤《ざい》ぐらいを飲ませて終わりにしたり、昔のように、トラウマを探して終わりにしたりしているのでしょう。それで解決したことにしているわけです。

しかし、これが意外に、フロイトが論敵として批判していたマルクスや、あるいは、ダーウィンとかと一緒《いっしょ》になって、二十世紀以降の大きな潮流をつくってしまったことは事実でしょう。

でも、おかしいですね。こういう人が、穴ぼこのなかから出られないでいるのは、ちょうど食虫植物のなかに入っているような感じです。

これも象徴《しょうちょう》なのかもしれませんが、その人にふさわしい環境《かんきょう》が地獄《じごく》で表れてくるのでしょう。「出られない」ということは、いちおう隔離《かくり》はされているのでしょうね。

綾織　そうですね。

大川隆法　隔離されているから自由ではないのですが、何らかの関係で、ときどき、ほかの人と交流ができる場合もありえるわけです。

今回の霊言《れいげん》では、「性衝動《しょうどう》にかかわる部分では、ルシフェルと関係があったらしい」ということと、「催眠《さいみん》に関しては、ベルゼベフと関係があったらしい」ということが分かりました。

また、「『キリスト教は、まったく倒錯《とうさく》した世界であり、狂気《きょうき》の宗教だ』と見ている」ということや、「それが世界中に広がったのを引っ繰《く》り返したいと思っている」というところもあるようです。

さまざまな学問の正邪《せいじゃ》について「霊言《れいげん》による検証」が必要

大川隆法　勉強においては、学問の対象をよく選ばないと危険ですね。これは、宗教学や仏教学のなかにもあるから怖《こわ》いのですけれども、ダーウィンだの、フロイトだの、ニーチェだの、マルクスだの、こういう霊言《れいげん》を一つ一つ出し、提供していくことは、大事なことかもしれません。ほかに分かりようがないでしょう。

ただ、これには、どうしようもない面もあり、新しい学説が出てきても、単なる考えの違《ちが》いにしか見えないところもあります。彼の言い方にしても、「ものすごく独創性がある」と言えばあるわけですからね。

まあ、「考えとしては一つ出しました。読む人は読み、悟《さと》る人は悟りなさい」ということです。

文学の世界にも「地獄文学」はいくらでもあります。また、思想にも、「地獄の思想」はありますし、学問にも、「地獄の学問」はあります。「地獄の芸術」だってあるでしょう。これについては、しかたがないと思います。いずれにしても、(フロイトは)理論武装をして固まっているので、この自我を崩壊《ほうかい》させることは、それほど簡単ではありません。

それにしても、なぜ、こういうものが出たのでしょうか。

宗教を隅《すみ》に追いやった啓蒙《けいもう》主義の「負の側面」

大川隆法　ただ、先ほど、少し興味深いこととして、「戦争が大規模になって、大量に人が殺せるようになったことと、唯物論《ゆいぶつろん》が広がったこととは関係がある」というようなことを言っていました。

確かに、「あの世では天国・地獄が分かれていて、地獄という世界がある」ということであれば、人を殺すことに歯止めがかかりますから、「唯物論が広がって歯止めがかからなくなったこと」と、「大規模で効率的な殺人が研究されるようになったこと」には、もしかすると関係があるのかもしれません。

まあ、残念でしたね。これまで、フロイトの霊言は行ったことはありませんでしたし、以前、「フロイトは地獄に堕《お》ちている」ということをチラッと言ったことがあるような記憶《きおく》がありますが、「やはり、そうであったか」ということです。

幸福の科学大学をつくる前には、いろいろと確かめなければいけないとは思いますが、フロイトからすれば、これも「幸福論」のつもりであって、人間の不幸を取り除いて幸福にする学問なのでしょう。

綾織　医学だけではなく、学問的にも、思想的にも、かなり広く影響が出ているように感じます。

大川隆法　出ていますね。「唯物論」と「ダーウィンの進化論」と「フロイトの無意識の世界」とが全部合体して影響が出ています。また、この「無意識の世界」のなかには、玉石混交《ぎょくせきこんこう》のものが流れているのかもしれません。

彼は、幽霊《ゆうれい》などは基本的には認めていないし、今も、自分が幽霊だということが分からないと思います。かっちりとした穴のなかに落ちているので、分かりようがないでしょう。

綾織　夢のことをよく分かっている分だけ、夢の世界をずっと見てしまう状態なのだろうと思います。

大川隆法　まあ、「学問をしたバカ」という言い方がありますが、学問にも難しいところがありますね。玉石混交の世界なので、変なものを一生懸命《いっしょうけんめい》に学んだ場合、それが抜《ぬ》けずに捨てられないことがあるわけです。

いずれにしても、このフロイトの思想は、宗教をかなり追いやったものの一つですし、その他にもマルクス主義やダーウィニズム、ニーチェ等の神を葬《ほうむ》った哲学《てつがく》など、いろいろあるでしょう。

近現代の啓蒙《けいもう》主義の流れのなかには、「この世の世界を発展させた原動力になった面」もありますが、「真実を覆《おお》い隠《かく》した面」もあるということです。

彼を成仏《じょうぶつ》させる力は、残念ながら「ない」というか、この害毒がまだ流れており、真実の信仰《しんこう》が薄《うす》まらないでいる状態でしょうから、こういう学説を信じる人が減り、真実の世界や宗教の世界を知る人が増えていかない限り、救われないわけです。

これは、〝刑務所《けいむしょ》〟に入れられているのですが、そうは言っても、ある意味では、「自分の学説どおり、女性性器のなかに閉《と》じ込《こ》められているように見えている」ということですね。

気の毒ではありますが、「精神分析学《ぶんせきがく》」の世界には衝撃《しょうげき》が走るかもしれません。

綾織　そうですね。はい。

大川隆法　まあ、残念なスタートでございましたね。

では、以上としましょうか。ありがとうございました。

綾織　ありがとうございました。

あとがき

幼少時の「父殺し」の潜在的無意識が、人間に罰を与える一神教的恐怖の神の否定へとつながっているのかもしれない。

フロイトと、袂《たもと》を分かったユングとの違いは、ユングが実際には霊能者であったため、心理学という学問の型は守りつつも、明確に、霊やあの世、神を信じていたが、フロイトは、霊界を夢や抑圧《よくあつ》された感情のレベルでしかとらえていなかった点にあるだろう。

自分が既に霊となって、あの世の地獄界（無間地獄《むけんじごく》と色情地獄《しきじょうじごく》を合わせたような場所）の住人となっていることも気がつかず、他人の精神分析を続けている人の無明《むみょう》は悲しい。無意識の世界に接近しつつも、ダーウィンやマルクスの唯物論の帝国に間接的に寄与した罪は重い。この三人に「神は死んだ」のニーチェを加えると、二十世紀を破壊したユダヤ人四人組ともいえるかもしれない。

医学は今、霊界への眼を開かねばなるまい。

二〇一三年　九月三日

幸福《こうふく》の科学《かがく》グループ創始者兼総裁《そうししゃけんそうさい》　大川隆法《おおかわりゅうほう》

『フロイトの霊言』大川隆法著作関連書籍

『モルモン教霊査Ⅱ
——二代目教祖ブリガム・ヤングの霊言——』（幸福の科学出版刊）
『マルクス・毛沢東のスピリチュアル・メッセージ』（同右）
『公開霊言 ニーチェよ、神は本当に死んだのか?』（同右）
『進化論——150年後の真実——ダーウィン／ウォーレスの霊言——』（同右）

フロイトの霊言《れいげん》

──神なき精神分析学は人の心を救えるのか──

2013年9月26日　初版第1刷

著　者　　大《おお》川《かわ》隆《りゅう》法《ほう》

発行所　　幸福の科学出版株式会社

〒107-0052 東京都港区赤坂2丁目10番14号
TEL(03)5573-7700
http://www.irhpress.co.jp/

印刷・製本　株式会社 東京研文社

落丁・乱丁本はおとりかえいたします

ISBN978-4-86395-388-8 C0011

大川隆法 霊言シリーズ・未来へのメッセージ

トーマス・エジソンの未来科学リーディング

タイムマシン、ワープ、UFO技術の秘密に迫る、天才発明家の異次元発想が満載! 未来科学を解き明かす鍵は、スピリチュアルな世界にある。

1,500円

H・G・ウェルズの未来社会透視リーディング

2100年 ―― 世界はこうなる

核戦争、世界国家の誕生、悪性ウイルス……。生前、多くの予言を的中させた世界的SF作家が、霊界から100年後の未来を予測する。

1,500円

公開霊言 ガリレオの変心

心霊現象は非科学的なものか

霊魂が非科学的だとは証明されていない! 唯物論的な科学や物理学が、人類を誤った方向へ導かないために、近代科学の父が霊界からメッセージ。

1,400円

幸福の科学出版

大川隆法 霊言シリーズ・最新刊

マザー・テレサの宗教観を伝える

神と信仰、この世と来世、そしてミッション

神の声を聞き、貧しい人びとを救うために、その生涯を捧げた高名な修道女マザー・テレサ──。いま、ふたたび「愛の言葉」を語りはじめる。

英語霊言
日本語訳付き

1,400円

小説家・景山民夫が見たアナザーワールド

唯物論は絶対に捨てなさい

やっぱり、あの世はありました！ 直木賞作家が語る「霊界見聞録」。本人が、衝撃の死の真相を明かし、あの世の様子や暮らしぶりを面白リポート。

1,400円

イエス・キリストに聞く「同性婚問題」

性と愛を巡って

時代の揺らぎか？ 新しい愛のカタチか？ 同性婚や同性愛は、果たして宗教的に認められるのか──。天上界から語られる、イエスの衝撃のメッセージ。

1,400円

※表示価格は本体価格(税別)です。

大川隆法霊言シリーズ・最新刊

天才打者イチロー 4000本ヒットの秘密

プロフェッショナルの守護霊は語る

イチローの守護霊が明かした一流になるための秘訣とは? 内に秘めたミステリアスなイチローの本心が、ついに明らかに。過去世は戦国時代の剣豪。

1,400円

AKB48 ヒットの秘密

マーケティングの天才・秋元康に学ぶ

放送作家、作詞家、音楽プロデューサー。30年の長きにわたり、芸能界で成功し続ける秘密はどこにあるのか。前田敦子守護霊の言葉も収録。

1,400円

「宮崎駿アニメ映画」創作の真相に迫る

宮崎アニメの魅力と大ヒット作を生み出す秘密とは? そして、創作や発想の原点となる思想性とは? アニメ界の巨匠の知られざる本質に迫る。

1,400円

大川隆法 ベストセラーズ・世界で活躍する宗教家の本音

大川隆法の守護霊霊言

ユートピア実現への挑戦

あの世の存在証明による霊性革命、
正論と神仏の正義による政治革命。
幸福の科学グループ創始者兼総裁
の本心が、ついに明かされる。

1,400円

政治革命家・大川隆法

幸福実現党の父

未来が見える。嘘をつかない。タブー
に挑戦する──。政治の問題を鋭く
指摘し、具体的な打開策を唱える幸福
実現党の魅力が分かる万人必読の書。

1,400円

素顔の大川隆法

素朴な疑問からドキッとするテーマま
で、女性編集長3人の質問に気さくに
答えた、101分公開ロングインタビュー。
大注目の宗教家が、その本音を明かす。

1,300円

※表示価格は本体価格（税別）です。

大川隆法 ベストセラーズ・希望の未来を切り拓く

未来の法

新たなる地球世紀へ

暗い世相に負けるな! 悲観的な自己像に縛られるな! 心に眠る無限のパワーに目覚めよ! 人類の未来を拓く鍵は、一人ひとりの心のなかにある。

2,000円

ミラクル受験への道

「志望校合格」必勝バイブル

受験は単なるテクニック修得ではない!「受験の意味」から「科目別勉強法」まで、人生の勝利の方程式を指南する、目からウロコの受験バイブル。

1,400円

教育の使命

世界をリードする人材の輩出を

わかりやすい切り口で、幸福の科学の教育思想が語られた一書。イジメ問題や、教育荒廃に対する最終的な答えが、ここにある。

1,800円

幸福の科学グループのご案内

宗教、教育、政治、出版などの活動を通じて、地球的ユートピアの実現を目指しています。

宗教法人　幸福の科学

一九八六年に立宗。一九九一年に宗教法人格を取得。信仰の対象は、地球系霊団の最高大霊、主エル・カンターレ。世界百カ国以上の国々に信者を持ち、全人類救済という尊い使命のもと、信者は、「愛」と「悟り」と「ユートピア建設」の教えの実践、伝道に励んでいます。

（二〇一三年九月現在）

愛

幸福の科学の「愛」とは、与える愛です。これは、仏教の慈悲《じひ》や布施《ふせ》の精神と同じことです。信者は、仏法真理をお伝えすることを通して、多くの方に幸福な人生を送っていただくための活動に励んでいます。

悟り

「悟り」とは、自らが仏の子であることを知るということです。教学《きょうがく》や精神統一によって心を磨き、智慧《ちえ》を得て悩みを解決すると共に、天使・菩薩《ぼさつ》の境地を目指し、より多くの人を救える力を身につけていきます。

ユートピア建設

私たち人間は、地上に理想世界を建設するという尊い使命を持って生まれてきています。社会の悪を押しとどめ、善を推し進めるために、信者はさまざまな活動に積極的に参加しています。

国内外の世界で貧困や災害、心の病で苦しんでいる人々に対しては、現地メンバーや支援団体と連携して、物心両面にわたり、あらゆる手段で手を差し伸べています。

年間約３万人の自殺者を減らすため、全国各地で街頭キャンペーンを展開しています。

公式サイト **www.withyou-hs.net**

ヘレン・ケラーを理想として活動する、ハンディキャップを持つ方とボランティアの会です。視聴覚障害者、肢体不自由な方々に仏法真理を学んでいただくための、さまざまなサポートをしています。

公式サイト **www.helen-hs.net**

INFORMATION

お近くの精舎・支部・拠点など、お問い合わせは、こちらまで！

幸福の科学サービスセンター

TEL. 03-5793-1727（受付時間 火～金：10～20時／土・日：10～18時）

宗教法人 幸福の科学 公式サイト happy-science.jp

教育

学校法人 幸福の科学学園

学校法人 幸福の科学学園は、幸福の科学の教育理念のもとにつくられた教育機関です。人間にとって最も大切な宗教教育の導入を通じて精神性を高めながら、ユートピア建設に貢献する人材輩出を目指しています。

幸福の科学学園

中学校・高等学校（那須本校）

2010年4月開校・栃木県那須郡（男女共学・全寮制）

TEL **0287-75-7777**

公式サイト **happy-science.ac.jp**

関西中学校・高等学校（関西校）

2013年4月開校・滋賀県大津市（男女共学・寮及び通学）

TEL **077-573-7774**

公式サイト **kansai.happy-science.ac.jp**

幸福の科学大学（仮称・設置認可申請予定）

2015年開学予定

TEL **03-6277-7248**（幸福の科学 大学準備室）

公式サイト **university.happy-science.jp**

仏法真理塾「サクセスNo.1」

小・中・高校生が、信仰教育を基礎にしながら、「勉強も『心の修行』」と考えて学んでいます。

TEL **03-5750-0747**（東京本校）

不登校児支援スクール「ネバー・マインド」

心の面からのアプローチを重視して、不登校の子供たちを支援しています。

また、障害児支援の「**ユー・アー・エンゼル!**」運動も行っています。

TEL **03-5750-1741**

エンゼルプランV

幼少時からの心の教育を大切にして、信仰をベースにした幼児教育を行っています。

TEL **03-5750-0757**

NPO 活動支援

学校からのいじめ追放を目指し、さまざまな社会提言をしています。また、各地でのシンポジウムや学校への啓発ポスター掲示等に取り組むNPO「いじめから子供を守ろう！ネットワーク」を支援しています。

公式サイト **mamoro.org**

相談窓口 **TEL.03-5719-2170**

ブログ **mamoro.blog86.fc2.com**

政治

幸福実現党

内《ない》憂《ゆう》外《がい》患《かん》の国難に立ち向かうべく、二〇〇九年五月に幸福実現党を立党しました。創立者である大川隆法党総裁の精神的指導のもと、宗教だけでは解決できない問題に取り組み、幸福を具体化するための力になっています。

党員の機関紙
「幸福実現NEWS」

TEL 03-6441-0754
公式サイト hr-party.jp

出版メディア事業

幸福の科学出版

大川隆法総裁の仏法真理の書を中心に、ビジネス、自己啓発、小説など、さまざまなジャンルの書籍・雑誌を出版しています。他にも、映画事業、文学・学術発展のための振興事業、テレビ・ラジオ番組の提供など、幸福の科学文化を広げる事業を行っています。

TEL 03-5573-7700
公式サイト irhpress.co.jp

入会のご案内

あなたも、幸福の科学に集い、
ほんとうの幸福を
見つけてみませんか？

幸福の科学では、大川隆法総裁が説く仏法真理をもとに、
「どうすれば幸福になれるのか、また、
他の人を幸福にできるのか」を学び、実践しています。

入会

大川隆法総裁の教えを信じ、学ぼうとする方なら、どなたでも入会できます。入会された方には、『入会版「正心法語」』が授与されます。（入会の奉納は1,000円目安です）

ネットでも**入会**
できます。詳しくは、
下記URLへ。
happy-science.jp/joinus

三帰《さんき》誓願《せいがん》

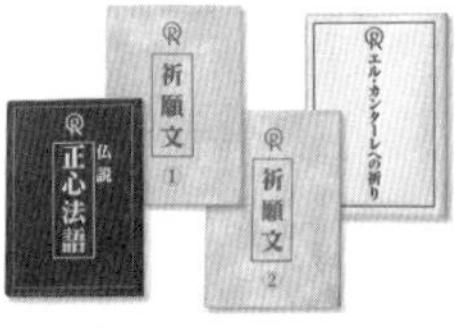

仏弟子としてさらに信仰を深めたい方は、仏・法・僧の三宝への帰依を誓う「三帰誓願式」を受けることができます。三帰誓願者には、『仏説・正心法語』『祈願文①』『祈願文②』『エル・カンターレへの祈り』が授与されます。

植福《しょくふく》の会

植福は、ユートピア建設のために、自分の富を差し出す尊い布施の行為です。布施の機会として、毎月1口1,000円からお申込みいただける、「植福の会」がございます。

「植福の会」に参加された方のうちご希望の方には、幸福の科学の小冊子（毎月1回）をお送りいたします。
詳しくは、下記の電話番号までお問い合わせください。

月刊
「幸福の科学」

ザ・伝道

ヤング・ブッダ

ヘルメス・
エンゼルズ

INFORMATION

幸福の科学サービスセンター
TEL. **03-5793-1727**（受付時間 火〜金:10〜20時／土・日:10〜18時）
宗教法人 幸福の科学 公式サイト **happy-science.jp**